oekom

ClimatePartner°

Dieses Buch wurde klimaneutral hergestellt. CO_2-Emissionen vermeiden, reduzieren, kompensieren – nach diesem Grundsatz handelt der oekom verlag. Unvermeidbare Emissionen kompensiert der Verlag durch Investitionen in ein Gold-Standard-Projekt. Mehr Informationen finden Sie unter www.oekom.de.

Bibliografische Information der Deutschen Nationalbibliothek:
Die Deutsche Nationalbibliothek verzeichnet diese Publikation in der Deutschen Nationalbibliografie; detaillierte bibliografische Daten sind im Internet unter http://dnb.d-nb.de abrufbar.

oekom verlag, Gesellschaft für ökologische Kommunikation mbH,
Waltherstraße 29, 80337 München

Satz + Layout: VisLab, Wuppertal Institut
Umschlaggestaltung: VisLab, Wuppertal Institut
Umschlagabbildung: Getty Images
Druck: Digital Print Group, Nürnberg

Dieses Buch wurde auf 100%igem Recyclingpapier gedruckt.

ISBN 978-3-86581-399-2

FSC www.fsc.org RECYCLED Papier aus Recyclingmaterial FSC® C100550

Manfred Linz

Weder Mangel noch Übermaß

Warum Suffizienz unentbehrlich ist

Inhalt

Vorwort

Im September 2011 hat das Wuppertal Institut seinen 20. Geburtstag gefeiert. Kurz nach Gründung des Instituts ist mit Manfred Linz im Jahr 1992 ein Vordenker an Bord des Wuppertal Instituts gekommen, der das Denken und die Kommunikation innerhalb des Instituts in einer Form geprägt hat wie nur wenige andere. Seine Impulse und Zwischenrufe haben während der gesamten 20 Jahre nichts von ihrer belebenden Wirkung verloren. Die Gespräche und Diskussionen mit Manfred Linz gehören für uns alle im Wuppertal Institut zu den besonders wertvollen Erfahrungen.

Dieser Inspirator ist nun kein ganz konventioneller Mitarbeiter. Seine „Karriere" begann er nämlich zu einem Zeitpunkt, an dem er eine andere höchst erfolgreich abgeschlossen hatte – mit dem Eintritt in den Ruhestand als langjähriger Leiter der Programmgruppe „Familie und Gesellschaft" beim WDR-Hörfunk. Die 20-jährige Instituts-Mitgliedschaft fällt daher zusammen mit dem 85. Geburtstag von Manfred Linz. Diesem Anlass ist der vorliegende Sammelband gewidmet, der zentrale Arbeiten von Manfred Linz der letzten Jahre verfügbar macht.

Das Kernthema seiner Arbeiten ist das der „Suffizienz". Es handelt sich um eine äußerst heikle Materie bei der Diskussion um neue Lebensstile und Wohlstandsmodelle. Denn hier läuft man schnell Gefahr, in unangemessener Form zum Richter über andere Lebensentwürfe zu werden.

Manfred Linz erliegt dieser Gefahr nicht. Er nähert sich der Materie mit der ihm eigenen Feinsinnigkeit. Fragend und mit seinem journalistisch geschulten Sprachgefühl zeigt er die Notwendigkeiten und Potenziale auf, die in der Erschließung neuer Lebensstile und einer gut gestalteten Suffizienzpolitik liegen.

Manfred Linz hat dabei eine faszinierende Fähigkeit zu Sprachspielen und Rahmungen, die die ansonsten oft technologischen Zugänge ergänzen. Hier zeigt sich die Fähigkeit zu einer Wissenschaft, die die Menschen erreicht. Erst dadurch wird ein umfassendes „Verstehen“ der so schwierigen Debatte um Wohlstand möglich.

Mit seinem Impulspapier von 2012 „Wie lernen Gesellschaften – heute?“ hat er einen spannenden Diskussionsbeitrag für die Bundestags-Enquete-Kommission „Wachstum, Wohlstand, Lebensqualität“ vorgelegt. Unter Rückgriff auf den Soziologen Ferdinand Tönnies und dessen Arbeiten zum Einstellungswandel aus den 20er-Jahren zeigt Manfred Linz die Zusammenhänge in einer Klarheit auf, die alternative gesellschaftliche Entwicklungspfade ermöglichen.

Es macht daher immer wieder Freude, sich auf die wunderbar zwanglose Zwangsläufigkeit der Argumentationen von Manfred Linz einzulassen. Denn aus diesen Argumentationen spricht immer auch die Kraft einer 85-jährigen Lebenserfahrung. Im Wuppertal Institut führt das insbesondere beim Wachstumsthema zu hoch interessanten Allianzen: Es ist hier eine Koalition der über 80-Jährigen wie Manfred Linz und Gerhard Scherhorn und der unter 30-Jährigen, die das Thema im Institut vorantreiben. Anscheinend ist die Lebenserfahrung sehr unterschiedlicher Wohlstandsphasen und -zyklen auf der einen Seite und die vollumfängliche Sozialisation in einer Phase des Wohlstandsüberflusses auf der anderen Seite ein Impuls, der dafür sensibilisiert, dass andere Wohlstandsmodelle möglich sein müssen und auch sind.

In diesem Sinne ist dieses Buch ein ganz herzlicher Glückwunsch und ein großes Dankeschön des gesamten Wuppertal Instituts zum 85. Geburtstag von Manfred Linz!

Prof. Dr. Uwe Schneidewind,
Präsident des Wuppertal Instituts

Wie lernen Gesellschaften – heute?

Zur Verwirklichung politischer Einsichten oder: Abschied vom Wunschdenken

Zusammenfassung

Dieser Gesellschaft und mit ihr der Wirtschaft, dieser Wirtschaft und mit ihr der Gesellschaft stehen einschneidende Veränderungen bevor und damit ein gerütteltes Maß an gemeinsamem Lernen. Zunächst ist zu fragen, was zu lernen ist. Vier Felder werden besprochen: Die wichtigsten Interessen erkennen; die weltweiten Abhängigkeiten ernst nehmen; das Wohlergehen unabhängig vom Wirtschaftswachstum suchen; den Wertewandel auch politisch denken. Danach ist zu überlegen, was dem gesellschaftlichen Lernen im Wege steht: der Wunsch das Erreichte zu behalten; die Faszination des Güterwohlstandes; der Sog des Fortschrittsdenkens. Und schließlich ist eine Antwort zu suchen, wobei das Interesse vor allem den Lernmotiven gilt: Wie lassen sich Gewinnstreben und Nachhaltigkeit verbinden, wie die Verlustängste zum Produktiven wenden? Das stärkste Motiv aber wird die Unausweichlichkeit des Wandels sein. Die Kosten des Lebens und Wirtschaftens werden deutlich steigen, und die allermeisten Menschen in diesem Land werden einen wachsenden Anteil ihrer Einkünfte benötigen, um die Grundbedürfnisse ihres Lebens zu stillen. Die Aufgabe heißt, die notwendige Bescheidung anzunehmen als die Bedingung der Zukunftsfähigkeit. Das kann durchaus gelingen. Auf das, was sie als unumgänglich erfahren, stellen sich die allermeisten Menschen ohne größere Widerstände ein – unter zwei Voraussetzungen: Was ihnen abgefordert wird, muss einsichtig begründet sein, und es muss alle treffen je nach ihrer Leistungsfähigkeit. Die Transformation zur Nachhaltigkeit wird ein Gemeinschaftswerk sein. Es kann dann erfolgreich sein, wenn in ihm nicht nur Politik und Wirtschaft das Sagen haben, sondern wenn auch die aktiven Teile der Gesellschaft an den Entscheidungsprozessen beteiligt sind. Gesichert ist von all dem nichts; aber es lohnt sich dafür zu arbeiten.

1 | Einführung

Was folgt, sind Überlegungen zu einem nie abzuschließenden Thema. Seit der Aufklärung, seit Immanuel Kants epochalem Satz „Aufklärung ist der Ausgang des Menschen aus seiner selbstverschuldeten Unmündigkeit“ ist die Mündigkeit der Gesellschaft zugleich ihr Stolz und ihre Aufgabe. Wie lernt eine mündige Gesellschaft, was dem Gemeinwohl dient und ihren Zusammenhalt schützt? Wie erkennt sie notwendige Veränderungen, und wie gibt sie ihnen Raum? Danach heute zu fragen, befriedigt nicht etwa ein akademisches Interesse. Wir leben in einer Zeit, die auf große gesellschaftliche Wandlungen zuläuft, auf Veränderungen, die teils über uns kommen werden und auf die wir uns einstellen müssen, die wir andernteils selbst wollen und darum herbeiführen müssen. Wie kann das geschehen? Wie lernen heute Gesellschaften, das zu wollen und zu tun, was nötig ist?

Von welchen Gesellschaften sprechen wir? Nicht von den Gesellschaften, die gegen ihre feudalen und diktatorischen Regime aufstehen. Ihr Lernen wird von unmittelbarer Bedrängnis und von vitalen Freiheitshoffnungen geleitet und folgt eigenen Gesetzen. Und wir sprechen auch nicht von Gesellschaften, die wie die japanische durch eine Erschütterung in den Grundfesten zum Lernen geführt werden, und in denen das Nicht-Lernen die Existenzfrage stellt. Die hier vorgetragenen Gedanken gelten einer jener Gesellschaften, die sich durch relativ freie, geordnete und gesicherte Verhältnisse auszeichnen, und die doch, eben um diese Verhältnisse zu bewahren, sich auf einen tief greifenden Wandel einstellen müssen, auch wenn er mit erheblichen Anstrengungen verbunden ist und sowohl heutige Vorteile antastet als auch lieb gewordene Denkweisen und Lebensstile in Frage stellt. Kurz: Das Thema „Wie lernen Gesellschaften – heute?“ richtet sich auf Deutschland und die deutsche Gesellschaft. Wie lernen wir in Deutschland – heute?

Aber – ist in dieser globalisierten Welt ein Land wie Deutschland eine Lerngröße? Können Nationen und ihre Bevölkerungen für sich heute etwas Gewichtiges lernen, wenn man an die globalen Bedingungen und Bedrohungen denkt, etwa an die Klimakrise, an das internationale Finanzdebakel, an die Transnationalen Konzerne und ihre Marktmacht? Oder auch nur an manche europäischen Länder und ihre vergeblichen Versuche, aus eigener Kraft den Staatsbankrott abzuwenden? Solche Fragen machen deutlich, dass es Dimensionen des zu Lernenden gibt, die die Größenordnung einer Nation längst übersteigen und hineinragen in Bereiche, die nur noch von Staaten-Verbänden wie der Europäischen Union zu bewältigen sind, oder gar nur noch globalen Institutionen zugänglich bleiben. Um nur ein Beispiel zu nennen: Die Bundesregierungen werden seit 1992 von einem Wissenschaftlichen Beirat Globale Umweltveränderungen beraten. In seinem neuen Gutachten empfiehlt er einen globalen Rat für nachhaltige Entwicklung, der dem Sicherheitsrat der Vereinten Nationen ebenbürtig ist. Und er fügt hinzu: „Dies käme einem zivilisatorischen Quantensprung gleich."[1] Womit die Größe der Aufgabe bezeichnet ist.

Die folgenden Überlegungen stehen darum unter dem Vorbehalt, dass sie in Manchem, in Vielem nicht heranreichen an die Überlebensprobleme der menschlichen Zivilisation, oder dass jedenfalls nationale Gesellschaften nur einen bescheidenen Beitrag zu ihrer Lösung leisten können. Und doch bleibt genug in unserer Reichweite und damit in unserer Verantwortung. Und: Was kann in Europa, was kann weltweit gelernt werden, wenn es nicht in nationalen Gesellschaften, in gewachsenen Gemeinschaften initiiert, erprobt, vorgelebt wird?

Es geht um lernende Gesellschaften. Dabei ist es nicht ratsam, sich die Gesellschaft in Deutschland wie eine Schulklasse vorzustellen und das gesellschaftliche Lernen wie einen Bildungsvorgang, in dem Unwissen überwunden wird und Stück für Stück Kennt-

1 WBGU 2011, 2, 21

nisse und dann Erkenntnisse und Fähigkeiten gewonnen werden, ein Bildungsprozess also, in dem Stein auf Stein das Bauwerk des Wissens errichtet wird. Gesellschaftliches Lernen heißt heute nur zum kleineren Teil, den Bestand zu erweitern. Zum größeren Teil bedeutet es Gewohntes zu verlassen, auch gewohntes Wissen, Grenzen zu überschreiten, Neuland zu betreten. Lernen geschieht dann oft in Brüchen, und Lernen heißt auch verlernen. John Maynard Keynes hat das so formuliert: Es ist nicht so schwer, neue Konzepte und Strategien zu entwickeln, viel schwerer ist es, die alten Routinen und Leitbilder zu vergessen.[2]

2 | Was heute zu lernen ist

Ich will vier Felder nennen. Es sind sicher nicht die einzigen; aber es sind zentral wichtige.

Die wichtigsten Interessen erkennen

A. Zu lernen ist, unsere langfristigen Interessen so ernst zu nehmen wie unsere kurzfristigen Interessen und unsere gemeinsamen Interessen wichtiger zu nehmen als unsere Einzelinteressen.

Das Klima schützen

Das dringlichste Feld für diese Einsicht ist der Klimawandel. Unser Land liegt in den gemäßigten Klimazonen und ist bisher von massiven Folgen des Klimawandels verschont geblieben. Aber seriöse Szenarien, etwa die des Klimarates der Vereinten Nationen und der Europäischen Union, sagen auch für unsere geografischen Breiten erhebliche Verschlechterungen durch Temperatur- und Niederschlagswandel, durch Stürme und Fluten voraus. Vor allem aber werden wir von den Auswirkungen massiver Dürren und Überschwemmungen in den tropischen Regionen wie auch von der Erwärmung, Vermüllung und Versaue-

---

2 angeführt in WBGU 2011, 4

rung der Ozeane und die dadurch verursachte Zerstörung ihrer Ökosysteme getroffen werden.[3]

Zu lernen ist, dass unterlassener Klimaschutz weit teurer ist als getätigter. Nicholas Stern, renommierter Wirtschaftswissenschaftler und zeitweilig Chefökonom der Weltbank, hat 2006 für die Britische Regierung ein Gutachten über die voraussichtlichen Kosten des Klimawandels angefertigt. Es hat weltweite Aufmerksamkeit gefunden. Seine Essenz ist: Wenn die Nationen sofort mit ernsthaftem Klimaschutz beginnen, erfordert das pro Jahr etwa 1–2 Prozent des Bruttoweltproduktes. Verschieben sie diesen Beginn, erhöhen sich die Kosten je nach Verzögerung und Risikoberechnung auf das 5- bis 20-fache.[4] Ich führe das an, weil ja Argumente, die das Portemonnaie betreffen, besondere Überzeugungskraft haben. Daran wird klar: Die Zerstörung der naturgegebenen Gemeingüter durch die Aufheizung der Atmosphäre wird die allermeisten Bewohner der Erde viel mehr schädigen als ihre anhaltende Überforderung den wohlhabenden Staaten kurzfristig an Kosten ersparen kann. Schon wirtschaftlicher Eigennutz rät zum alsbaldigen Klimaschutz.

Dass er auch aus politischem Eigennutz unerlässlich ist, wird im folgenden Abschnitt zu zeigen sein.

Gemeingüter haben Vorrang

Das Klima ist das am dringendsten zu bewahrende, aber keineswegs das einzige Gemeinschaftsgut. Und immer stärker tritt hervor, wie die Gemeinschaftsgüter insgesamt unentbehrlich sind nicht nur für das Gedeihen einer Gesellschaft sondern für das Überleben der menschlichen Zivilisation. Das vergangene Jahrhundert hat der Privatisierung und Kommerzialisierung der Gemeingüter Vorrang gegeben – mit allen Verwerfungen, die die gegenwärtigen Krisen erkennbar machen. Die Umwandlung der Lebensgrundlagen in privates Eigentum und in

---

3 WBGU 2006; www.stateoftheocean.org/ipso-2011-workshop-summary.cfm; www.ipcc.ch/publications_and_data/ar4/wg1/en/ch11s11-3.html; http://ec.europa.eu/clima/policies/brief/consequences/index_en.htm)

4 Nicholas Stern 2009

Handelsware ist inzwischen als Irrweg erkennbar. Wenn die Atmosphäre lebensfeindlich wird, wenn die Ernährungsgrundlage der Menschheit schwindet, wenn die öffentliche Sicherheit und damit die körperliche Unversehrtheit bedroht sind, wenn die Heranwachsenden aus unteren und mittleren Schichten keine Teilhabe- und Aufstiegsperspektive mehr sehen, dann kann davor der Eigennutzen, auch wenn er über Macht und Geld verfügt, nicht oder doch nur unzureichend Schutz bieten. Mit Schlössern und Stacheldraht lässt sich Eigentum vor Einzeltätern oder Banden sichern; aber gegen Naturkatastrophen, Volksaufstände und Revolten bleiben selbst „Gated Communities" mit ihren Alarmanlagen und Sicherheitszäunen unwirksam. Die Fundamente des Lebens lassen sich nur gemeinsam bewahren.

Zu diesen Fundamenten zählen die natürlichen Lebensgrundlagen, also Atmosphäre, Boden, Wasser und mit ihnen ein ausgeglichenes Klima, gesunde Luft zum Atmen und zum Gedeihen der Pflanzen, sauberes Wasser zum Trinken und in den Meeren, fruchtbares Land, die Vielfalt der Arten und einiges mehr. Aber Gemeingüter sind auch die sozialen Lebensgrundlagen, das Recht auf Bildung und das Recht auf Arbeit, die Versorgung im Alter und bei Krankheit, ein fairer Wettbewerb, der vor Ausbeutung von Menschen und Natur schützt, wie auch das Wissen, das für das Gedeihen der menschlichen Zivilisation essentiell ist, das Internet sowohl als auch der öffentliche Verkehr. Sie müssen für den gemeinsamen Gebrauch eingesetzt und eingerichtet, darin reguliert, überwacht und bei Missbrauch mit Sanktionen belegt werden.[5]

Wo Gemeingüter im Privateigentum sind oder privat genutzt werden, wie Boden und Gewässer, gilt auch für sie die Ausrichtung am gemeinsamen Wohl und der Schutz vor Missbrauch. Darauf verweist schon Artikel 14,2 des Grundgesetzes: „Eigentum verpflichtet. Sein Gebrauch soll zugleich dem Wohle der Allgemeinheit dienen." Anfänge sind gemacht im Wasserrecht, auch im Emissionshandel für Treibhausgase. Ein Wettbewerbsrecht, das den Schutz der Gemeingüter gewährleistet und nachhaltiges Markthandeln begünstigt, muss folgen.[6]

---

5 Zum Thema: Ostrom 1999 und 2011; Helfrich 2009; Heinrich Böll Stiftung 2010
6 www.nehmenundgeben.de

Die Spannbreite der Gemeingüter, der Commons, reicht von Stadtgärten, also der gemeinsamen Nutzung städtischer Freiflächen, über regionale oder nationale Naturreservate bis zur globalen Treuhand zum Schutz des Klimas, von den Genen bis zum Internet. Commons können aufgrund freiwilliger Übereinkunft zustande kommen oder ihrer grundlegenden Bedeutung wegen verpflichtenden Charakter haben.

Bisher sind die Gemeingüter in ihrer Mehrheit dem Zugriff von Einzelinteressen ausgeliefert. Industrie und Landwirtschaft, aber auch private Verbraucher, dürfen die natürlichen Lebensgrundlagen Luft, Böden, Flüsse, Grundwasser in Anspruch nehmen und verbrauchen, ohne ein Nutzungsentgelt zu bezahlen – inzwischen mit einigen Einschränkungen. Da die Commons aber zum Wohle aller erhalten, erneuert oder doch ersetzt werden müssen, sind für ihre Nutzung Beiträge einzufordern, und ihre Auszehrung ist zu verbieten. Auch die sozialen Gemeingüter brauchen aktiven Schutz vor Ausbeutung und Ausschluss. Das gilt etwa für den Schutz vor „Freisetzung" von Arbeitskräften aus Kapitalinteressen, für Mindestlöhne wie für den freien Zugang aller zur Bildung. Auch Patente auf Technologien, die für die globale Zukunftsfähigkeit wichtig sind, müssen geöffnet werden.

Und für die großen Gemeinschaftsgüter wie die Meere mit ihren Fischgründen, wie der Zugang zu seltenen Ressourcen und wie das Klima ist an internationale Treuhand-Institutionen zu denken, die einen von der Tagespolitik unabhängigen Rechtsstatus haben.[7]

Zu erkennen ist also die fundamentale Bedeutung der Gemeingüter. Sie sind dadurch zu schützen, dass sie so weit wie möglich in Formen gemeinsamer Nutzung überführt werden, und dass ihre private Nutzung mit Entgelten und mit der Verpflichtung zu sorgsamer Bewahrung belegt wird.

7 BUND 2008, 291 f.

Weltweite Abhängigkeiten

B. Zu lernen ist, dass wir Menschen auf diesem Planeten auf Gedeih und Verderb aufeinander angewiesen sind.

Ungleichheiten entschärfen

Ich nehme wieder den Klimawandel als Beispiel. Das Klima ist, unbeschadet seiner regionalen Eigenheiten, ein globales System. Was durch menschliches Handeln an einem Ort an Treibhausgasen in die Atmosphäre entlassen wird, wirkt sich über den ganzen Erdball hin aus. Alle müssen darum zusammenwirken, wenn das Klima stabilisiert werden soll. Gegenwärtig produzieren die Industrieländer einerseits und die Schwellen- und Entwicklungsländer andererseits je etwa 50 Prozent der Treibhausgase, und alle zusammen weit mehr, als die Ökosysteme ohne Schaden aufnehmen können. Aber es gibt Ungleichheiten, die dieses gemeinsame Handeln behindern, und zwar historische und geografische Ungleichheiten.

Was die historischen betrifft, so haben die Industrieländer in den vergangenen zwei Jahrhunderten den Löwenanteil der Treibhausgase in die Atmosphäre entlassen und damit ihren industriellen Wohlstand geschaffen. Und noch immer verursacht ein Amerikaner fünfmal und ein Deutscher dreimal soviel Kohlendioxid wie ein Chinese. Ganz Afrika liegt noch einmal weit darunter. Jetzt holen die Schwellenländer auf, China hat, nicht pro Kopf, wohl aber als Land die USA im Ausstoß klimaschädlicher Gase bereits überholt. Aber im materiellen Wohlstand liegen die Entwicklungsländer weit zurück. Und sie werden nicht darauf verzichten, in der industriellen Entwicklung und im Lebensstandard zu den Industrieländern aufzuschließen. Sie werden darum das Wirtschaftswachstum so lange über den Klimaschutz stellen, so lange die Industrieländer ihn nur halbherzig betreiben und selbst kein zukunftsfähiges Wirtschafts- und Wohlstandsmodell vorleben.

Was die geografische Ungleichheit betrifft, so sind es die Länder der südlichen Hemisphäre und in ihnen wiederum die armen Bevölkerungsgruppen, welche die Folgen der globalen Klimaveränderung vor allem zu spüren bekommen. Dort wirken Stürme und Fluten besonders verheerend, dort sinkt der Grundwasserspiegel ab und macht die Böden unfruchtbar, dort bedroht der steigende Meeresspiegel ganze Regionen. Ohne Klimaschutz ist alle Entwicklung vergeblich. Diese Länder benötigen massive technische Hilfe und erhebliche Finanzen, um den Klimawandel so weit wie möglich abzumildern und sich im Übrigen an ihn anzupassen. Diese Mithilfe erwarten sie von den wohlhabenden Ländern, die das Klima zuerst geschädigt haben.

Ein Mindestmaß an Gerechtigkeit

Nur wenn zwischen Industrieländern und Entwicklungsländern ein Mindestmaß an ausgleichender Gerechtigkeit entsteht, was die Lasten des Klimawandels und was den Nutzen innovativer Technologien betrifft, nur wenn Vertrauen in den fairen Ausgleich der Interessen besteht, nur dann ist eine ernsthafte Kooperation der Südländer in der Klimakrise zu erwarten. Und wenn diese Kooperation nicht gelingt, dann entsteht ein Gleichgewicht des Schreckens, dann werden wir uns gegenseitig den Lebensraum zerstören – wir ihnen und sie uns. Es ist also das aufgeklärte Eigeninteresse der früh industrialisierten Länder, bis zur Mitte des Jahrhunderts eine emissionsfreie Energienutzung zu erreichen.

Der eigene kurzfristige Nutzen ist vielleicht auf Kosten der andern zu erringen, doch schon der mittelfristige, erst recht aber der langfristige Nutzen ist nur mit ihnen gemeinsam zu bewahren.

Ernährung zuerst

Was das Klima lehrt, gilt ebenso für die Ernährung. Da ist die globale Nahrungskrise, in der für eine weiter wachsende Weltbevölkerung die Ernährungsgrundlage schrumpft. Die Ergiebigkeit der Böden schwindet durch die Verschiebung der Vegetationszonen mit der Folge von Versteppung und Dürre, durch sinkendes Grundwasser, durch Monokulturen und ihre Anfälligkeit für Schädlinge. Verstärkt wird die Ernährungskrise durch den steigenden Fleischverzehr, durch das

Land Grabbing, also den Ankauf riesiger Ländereien durch Kapitalgesellschaften und Staaten, und durch den Anbau von Biomasse für Treibstoff statt Nahrungsmitteln. Dieser letzte Grund sei hier noch besonders bedacht. Es ist nicht zu rechtfertigen, dass wir die Böden, auf denen Nahrung für eine wachsende Weltbevölkerung wachsen muss, dem Anbau von Biomasse für Treibstoffe widmen, nur, damit die fünf oder sechs Prozent der Weltbevölkerung, die je ein Flugzeug betreten haben, auch weiterhin fliegen können, wann und wohin sie möchten. Wird die Überforderung und Ausbeutung des Bodens für Kapitalerträge oder Treibstoff fortgesetzt, drohen Hungerrevolten und auch Kriege, die sich nicht auf die armen Länder beschränken werden sondern das internationale Gefüge ins Wanken bringen können.

Noch einmal zeigt sich, dass in einer so eng verflochtenen Welt das eigene Wohlergehen nicht auf Dauer zu sichern ist, wenn es auf der Beschädigung der Wohlfahrt anderer beruht. Hunger in einer Welt, in der alle soviel von allen wissen, überspringt in seiner sozialen Sprengkraft auch die Kontinente.

Wirtschaftswachstum und Wohlergehen

C. Zu lernen ist, das Wohlergehen der Einzelnen wie der Gesellschaften unabhängig vom Wirtschaftswachstum zu suchen.

Gegenwärtig gibt es eine leidenschaftliche Diskussion darüber, ob Wirtschaftswachstum, und sei es so genanntes Green Growth, weiterhin möglich ist, und ob es, falls es möglich ist, auch ratsam oder gar unentbehrlich ist. Während die Bewegung zum Schrumpfen der Wirtschaft (Degrowth/Décroissance)[8] ökologisch und antikapitalistisch argumentiert und darin eine schroffe Minderheitenposition vertritt, auch mehr ein Bekenntnis als ein Programm ist, und die auf die Überwindung des Wachstums gerichtete und oft Postwachstumswirtschaft genannte Ökonomie ebenfalls erst eine Minderheit der Ökonomen erreicht hat,[9] gilt Wirtschaftswachstum dem Hauptstrom der Wirt-

---

8 Latouche 2004; Economic Degrowth 2009

9 Vereinigung für ökologische Ökonomie; Paech 2012; Seidl/Zahrnt 2010

schaftswissenschaften und damit auch der großen Mehrheit der politischen Akteure nach wie vor als Lebensretter unserer Gesellschaften.

Wirtschaftswachstum soll die Arbeitsplätze sichern, die sozialen Schutz-Systeme (Renten, Gesundheitssystem, Grundsicherung) abstützen, die wachsenden sozialen Ungleichheiten entschärfen und die Industrienationen von ihren Schuldenbergen befreien. Ich lasse einmal offen, ob tatsächlich stetiges Wirtschaftswachstum, wenn es denn möglich wäre, das alles leisten könnte – bisher hat es ja diese Ergebnisse zu großen Teilen nicht erreicht. Es mag jedoch sein, dass der Streit um Wirtschaftswachstum an Schärfe verliert, weil dieses Wachstum ausbleiben wird.

Die These des folgenden Abschnittes ist, dass es in den früh entwickelten Industrieländern voraussichtlich kein dauerhaftes quantitatives Wirtschaftswachstum mehr geben wird, und wenn doch, ein so geringes, dass es keine der von ihm erhofften Problemlösungen mehr ermöglicht. Die Argumentation richtet sich also auf die begrenzte Frage, ob in einem Lande wie Deutschland Wirtschaftswachstum überhaupt noch zu erwarten, ob es als wahrscheinlich einzuschätzen ist.

Vom nahenden Ende des Wirtschaftswachstums

Für das nahende Ende des Wirtschaftswachstums gibt es eine ganze Reihe von Indizien:

Zunächst einmal sind in den entwickelten Industriegesellschaften die wichtigen Lebensbedürfnisse in einem hohen Maße erfüllt, jedenfalls in der den Konsum tragenden Mehrheit der Bevölkerung. Sie ist mit dem versorgt, was sie für Haushalt, Beruf, Freizeit, Mobilität benötigt. Viele haben inzwischen so viel, dass sie Neues nur kaufen, wenn das Alte ausrangiert wird bzw. das Neue einen deutlichen Zusatznutzen verspricht. Überschüsse werden diese Menschen eher für die Vermögensbildung als für zusätzlichen Konsum verwenden. Daraus entstehen im besten Fall geringe Wachstumsantriebe.

Auch wächst die Zahl derer, die über Wohlstand anders nachdenken, als es ihnen von der herrschenden Leitvorstellung des Güterwohlstandes und von der allgegenwärtigen Werbung nahe gelegt wird. Sie bilden inzwischen eine auch numerisch deutlich wachsende Bewegung von Menschen, die sich in ihrem persönlichen Verhalten, aber auch, so weit das möglich ist, in ihren Berufen aus der Erwerbswirtschaft herauslösen und dabei nicht etwa in Kümmerformen des Lebens absinken sondern im Gegenteil neue Erfahrungen des Wohlergehens machen. Bedürfnisse werden anders und andere Bedürfnisse werden befriedigt und so das Leben verbessert oder doch gleichwertig geführt. Dies alles geschieht einmal in den schon bekannten Alternativen wie Tauschringen, Car-Sharing, Stadtgärten, Regionalwährungen, Subsistenz-Gemeinschaften, bürgerschaftlichen Gemeinschafts-Unternehmen und ebenso in den vielen Formen der Eigenarbeit.[10] Inzwischen reicht diese Bewegung über die ursprünglichen Pioniere hinaus in größere Teile der Bevölkerung hinein, und dabei gehen zwei ursprünglich getrennte Motive ineinander über: einmal der Wunsch nach einem kulturellen Wandel und in ihm die stärkere Orientierung an immateriellen Werten, und gleichzeitig das Bestreben, in einer unsicheren Zeit die finanzielle Balance zu halten, also nicht in Schulden zu geraten. In all diesen Unternehmungen und Bewegungen entsteht durchaus Wachstum, ein gesellschaftliches Mehr, aber eines, das nur noch zum Teil oder auch gar nicht mehr in die volkswirtschaftlichen Kenngrößen eingeht, und das zum Bruttoinlandsprodukt nur noch teilweise beiträgt oder es sogar erkennbar verringert.

Und die Bevölkerung nimmt ab. Die anhaltende Verringerung der Geburtenzahlen und damit der Überschuss der Sterbefälle in Deutschland führen zu einem langsamen und, so weit erkennbar, auch durch Zuwanderung nicht umzukehrenden Rückgang der Bevölkerung. Weniger Menschen kaufen auch weniger.

Das Geld wird fehlen

Angesichts dieser Entwicklungen würde ein anhaltendes Wirtschaftswachstum nur möglich werden, wenn neue Bedürfnisse entstehen oder

---

10 Dahm/Scherhorn 2009; Bennholdt-Thomsen 2010

durch Werbung geschaffen werden, und wenn ausreichend Geld da ist sie zu erfüllen. Nicht an der Werbung wohl aber am Geld wird es für viele Menschen, in Deutschland wie in vergleichbaren Ländern, aller Voraussicht nach schon bald fehlen. Und dies aus zwei Gründen. Der erste liegt in den überhöhten Erwartungen an die Wirtschaftswachstum und damit Wohlstand schaffende Kraft innovativer Technologien, der zweite in der zu erwartenden Verteuerung der Lebenshaltung. Beide Gründe haben unmittelbare Auswirkungen auf das Wirtschaftsvolumen.

Grüne Technologien

Zuerst zu den innovativen Technologien und den sich mit ihnen verbindenden Wachstumserwartungen. Das Losungswort heißt Ökologische Industriepolitik oder, weiter gefasst, „Green New Deal", also die Erfindung und Durchsetzung umweltfreundlicher Technologien und die Überführung des ganzen Wirtschaftsprozesses in einen Kreislauf im Einklang mit der Natur. Das soll die Wirtschaft antreiben, nicht nur hierzulande sondern auch in den Ländern des Südens. Der Export umweltfreundlicher Technologien soll die deutsche Exportwirtschaft in Gang halten und gleichzeitig den Süden auf einen zukunftsfähigen Wachstumspfad bringen. Die Bundesregierung gibt dem einen hohen Rang und bezeichnet diesen Wandel als die „Dritte industrielle Revolution". Nicht zu Unrecht; denn gewiss benötigt Deutschland eine Systemwende hin zu innovativen Technologien: für eine CO_2-freie Energie, für sparsame Autos, für Passivenergiehäuser, um nur weniges zu nennen. Das alles ist unentbehrlich, um den Raubbau an Ressourcen und Energie zu stoppen. Aber entsteht daraus Wirtschaftswachstum? Umwelttechnologien erwirtschafteten in Deutschland im Jahr 2007 rund 8 Prozent des deutschen Bundesinlandsproduktes. Bis 2020 wird sich dieser Anteil nach der Voraussage des Ministeriums auf 14 Prozent erhöhen.[11] Nun besteht kein Zweifel, dass Umwelttechnologien und Umweltinnovationen wichtige Wirtschaftsfaktoren in Deutschland sind und sich in Teilen der Wirtschaft immer mehr zu einem Motor für Wachs-

---

11 Jänicke 2011, 2; BMU 2011, 115

tum und Beschäftigung entwickeln. Aber selbst wenn sie ein Siebtel des Bundesinlandsproduktes ausmachen – können sie angesichts der Notwendigkeit, viele nicht nachhaltige Produktionen zu beenden, ein Wirtschaftswachstum tragen?

Die Energie als Beispiel

Die Schlüsseltechnologie und gleichzeitig das am meisten diskutierte Feld der industriellen Erneuerung ist die Energiegewinnung. Sie erscheint den allermeisten als ein besonders starker Motor des Wirtschaftswachstums. Gerade an ihr aber zeigt sich, dass der ebenso notwendige wie erwünschte Übergang zu erneuerbaren Techniken der Energie-Erzeugung wahrscheinlich in seiner Reichweite wie in der Zügigkeit der Umwandlung hinter vielen hochgestellten Erwartungen zurückbleiben wird. So fehlt es an Schnelligkeit wie an Konsequenz sowohl der nationalen wie der europäischen Rahmengesetzgebung.[12] Die Folge ist, dass Energie-Effizienz und erneuerbare Energien die fossilen Energien nicht rechtzeitig und nicht vollständig genug ablösen können, und dass darum eine Verringerung des Energie-Bedarfs notwendig werden wird, die wiederum eine Verringerung des Wirtschaftsvolumens zur Folge haben wird.[13]

Aber der Export

Gewiss werden die Produktion von und der Handel mit innovativen Technologien, auch für den Export, einen großen Aufschwung nehmen. Gerade der Export Natur schonender Technik, dem Deutschland einen Teil seines gegenwärtigen Wirtschaftswachstums verdankt, hält nur an, bis die Empfängerländer eigene Industrien der Nachhaltigkeit aufgebaut haben oder, noch elementarer, nur so lange, wie die poten-

---

12 Ein Beispiel: Die Abspaltung und Einlagerung von CO_2 etwa, die zwar nicht für die Kohle-Verbrennung, wohl aber für eine Reihe von Industrieproduktionen wie Stahl und Zement als wirksamer Klimaschutz breite Zustimmung findet, hat bis heute weder eine gesetzliche Grundlage (außer für einige Testspeicher), noch hat sie Akzeptanz in der Bevölkerung erhalten.

13 Diese Einschätzung wird im folgenden Beitrag „für eine Politik der Energie-Suffizienz" ausführlich begründet.

ziellen Käufer sich deutsche Technik leisten können. Und wenn, wie es geplant ist, die kostenlose Lieferung solcher Technik zu den Vertragspflichten für ein neues Klimaprotokoll gehört, so steht dem Gewinn für die deutsche Wirtschaft die Belastung des Staates durch die finanziellen Verpflichtungen gegenüber, die dann durch Steuern gedeckt werden müssen. Ob aus all diesem Mehr und Weniger nennenswertes Wirtschaftswachstum entsteht, bleibt unsicher.

Auch sonst wird dem erwünschten Green Growth vieler Wirtschaftszweige das notwendige Schrumpfen jener anderen entsprechen, die der Nachhaltigkeit und dabei vor allem dem Einhalten der Klimagrenze im Wege sind. Wachsen kann alles, was zugleich der Zukunftsfähigkeit und der Lebensqualität dient. Und Schrumpfen muss, was die Ressourcen übernutzt und den sozialen Zusammenhalt beschädigt. Wachsen werden erneuerbare Energien, Effizienz-Technologien, naturverträgliche Produktionen, Ökolandwirtschaft, fairer Handel, Dienstleistungen zur Nachhaltigkeit. Schrumpfen müssen fossile Energien, natur- und sozialschädliche Produkte und Verfahren und mit ihnen erhebliche Teile der heutigen Mobilität, der Landwirtschaft und des Konsums. Wird nicht nur das erste sondern auch das zweite Glied dieser Gleichung ernst genommen, wird die Wachstumsbilanz durchwachsen sein. Wird jedoch Green Growth gefördert und bringt gerade im Export Zuwächse, wird aber gleichzeitig die schädigende Wirtschaftsweise weiter geführt, so mag es kurzfristig ein beachtenswertes Wirtschaftswachstum geben. Nur werden dann Klimaschäden und die ihnen folgenden soziale Unruhen in absehbarer Zeit alle Gewinne aufgefressen haben.

Leben und Wirtschaften werden teurer

Zu der Unsicherheit, ob in einer nachhaltigen Wirtschaft innovative Technologien Träger eines Wachstums des Bruttosozialproduktes werden können, tritt eine zweite Erschwernis wirtschaftlichen Wachstums: In Deutschland wie in vielen anderen Industrieländern wird Leben und Wirtschaften schon bald deutlich teurer werden. Dabei bleiben in diesen Überlegungen die Finanzkrise und ihre Auswirkungen außer Betracht. Wie sie das Staatsbudget und in der Folge die Steuerzahler beanspruchen werden, ist gegenwärtig nicht absehbar. Die Argumentation dieses Textes richtet sich auf vorhersehbare, vor allem aus dem Schutz des Klimas und den internationalen Verpflichtungen sich ergebende Belastungen.

Zunächst wird sich die Verteuerung an den steigenden Preisen für Ressourcen zeigen. Preiswerte Energie ist ein entscheidender Faktor für das Wirtschaftswachstum. Nun aber werden die fossilen Energieträger knapp, vor allem Erdöl und Erdgas, und damit am Markt teurer. Niemand erwartet, dass der Barrel-Preis für Rohöl bei € 116 (Brent 7.2.2012) Halt macht. Und auch aus politischer Einsicht wird, wie oben beschrieben, der Energiepreis steigen. Wenn in Deutschland wie insgesamt in Europa die Energieversorgung bis 2050 fast ohne Emissionen von Treibhausgasen bereitgestellt werden soll, muss der Emissionshandel, der die Verschmutzungsrechte kostenpflichtig macht, konsequent auf alle Bereiche der Energienutzung ausgedehnt werden. Also müssen Verkehr und Haushalte in dieses System, das bisher nur die großen Unternehmen verpflichtet hat, einbezogen werden. Auch muss die Obergrenze der Atmosphären-Belastung periodisch herabgesetzt werden, um die für 2050 postulierten Grenzwerte zu erreichen. Beides wird die fossilen Energien noch einmal verteuern. Sie müssten, um die Umsteuerung zu beschleunigen, schon 2020 auf ein Mehrfaches des gegenwärtigen Niveaus steigen.[14]

Der Umbau des Energie-Systems hin zu den Erneuerbaren Energien wiederum ist, wie oben dargestellt, mit hohen Investitionen verbunden, nicht nur für Industrie, Bauten und Transportnetze, sondern ebenso für die Gebäude und Anlagen der öffentlichen Hände. Auch das führt zu höheren Preisen und auch zu höheren Steuern bzw. Abgaben.

Aber nicht nur die Energie wird teurer, auch die knappen Rohstoffe ziehen im Preis an, und keineswegs nur die seltenen Metalle. Energie und Rohstoffe verteuern z.B. das Fahren und Fliegen, die Reisen werden seltener, die Autos kleiner, die Strecken kürzer. Leihen wird an

14 WBGU 2011, 299 f.

die Stelle des Kaufens rücken, im Autoverkehr aber auch auf manchen andern Gebieten (Maschinen, Geräte, Gefährte, Utensilien) – auch dies kein Beitrag zum Wirtschaftswachstum.

Weiter: Die oben besprochene Ernährungskrise wird die Nahrungsmittel verteuern und tut es heute schon, nicht nur in der Dritten Welt sondern auch bei uns. Die Ernährungs- und Landwirtschafts-Organisation der Vereinten Nationen (FAO) schätzt, dass schon ohne dramatische Entwicklungen global die Preise der Basis-Agrarprodukte bis 2020 um etwa 20–30 Prozent steigen können.[15]

Weiter: Die Industrieländer werden ihren Teil der internationalen Gemeinschaftsaufgaben zu finanzieren haben. Für die Vermeidung von zukünftigen Klimaschädigungen in den Entwicklungsländern und durch sie wie für die Anpassung an nicht mehr zu vermeidende Schäden müssen die multinationalen Fonds drastisch erhöht werden.[16] Für den 2010 in Cancún beschlossenen (und ebenfalls in Durban bekräftigten) Green Climate Fund etwa sind ab 2020 100 Milliarden $ vorgesehen, und zwar jährlich. Auch wenn unsicher ist, wie viel neu gegebenes und wie viel nur umverteiltes Geld in ihn eingehen wird – die früh industrialisierten Länder, also auch Deutschland, werden sich deutlich über die bisherige Entwicklungshilfe hinaus beteiligen müssen. Da sowohl das Grundgesetz als auch die europäischen Verträge dem Schuldenmachen Grenzen setzen, müssen die europäischen Nationen das Geld durch Steuern oder Abgaben aufbringen.

Das alles heißt: Wenn Energie, Ressourcen, Ernährung teurer werden, wenn der Schutz des Klimas und der internationale Ausgleich höhere Abgaben und Steuern erfordern, dann werden die Personen und die Haushalte insgesamt weniger Geld zur freien Verfügung haben, weil der größte Teil des Einkommens für die Sicherung des Lebensnotwendigen benötigt wird. Das wird den Lebensstandard der großen Mehrheit in unserer Gesellschaft verändern: Sie wird eine zurückhaltendere Mobilität haben, sie wird bescheidener wohnen, essen, trinken und sich kleiden.

---

15 The OECD-FAO Agricultural Outlook 2011–2020
16 WBGU 2011, 168 ff., 322 ff.

Insgesamt wird der Konsum von Gütern des gehobenen Bedarfs zurückgehen; er aber ist der Treiber des Wirtschaftswachstums.

Schließlich: An den in ihrer Solvenz akut gefährdeten Staaten der Europäischen Union wird in diesen Jahren augenfällig, dass nicht ein ganzer Kulturkreis, Europa und die USA, während Jahrzehnten über seine Verhältnisse leben, Schulden anhäufen und dann hoffen kann, sie ließen sich ohne Einbußen an dem geliehenen Wohlstand abtragen, weil Wirtschaftswachstum schon den nötigen Mehrwert erbringen werde.

Konträre Positionen

Die hier vorgetragene Einschätzung steht in Konflikt mit konträren Positionen, die gegenwärtig sogar den Hauptstrom des Denkens bilden. Sie halten Nachhaltigkeit und Wirtschaftswachstum für vereinbar. Auch sie gehen davon aus, dass das gegenwärtige Wirtschaftswachstum nicht zukunftsfähig ist, weil es die natürlichen Lebensgrundlagen zerstört. An seine Stelle kann aber diesem Denken zufolge ein geläutertes Wachstum treten, das vom Naturverbrauch ganz oder doch weitgehend abgekoppelt ist. Dieses Wachstum erscheint nicht nur ökologisch möglich, nicht nur lebenswichtig für eine wachsende Weltbevölkerung und für die Bedürfnisse der Milliarden Menschen, die sich aus der Armut befreien wollen, es gilt vor allem als unausweichlich, weil die Menschheit von einer Wachstumsdynamik angetrieben wird, von der sie sich nicht wird abbringen lassen. Zu erwarten, dass sich dieser Drang beenden lasse, sei eine „reine Fiktion".[17] Carlo Jaeger etwa sieht das globale BIP sich bis zum Jahre 2050 versechsfachen. Das globale Pro-Kopf-Einkommen werde dann rund 45 000 Dollar, der Kapitalstock pro Kopf rund 140 000 Dollar betragen.[18]

Ein solches Wachstum, so sagen seine Fürsprecher, muss nicht zerstörerisch, es wird im Gegenteil segensreich sein, weil es den heutigen Wohlstand bewahrt und denen, die gegenwärtig in Mangel und Not

---

17 Fücks 2011
18 2011, 46

leben, an ihm beteiligt. Gelingen wird das zunächst durch dramatisch höhere Ressourcen-Effizienz, also ihre gesteigerte Ergiebigkeit, und dann dauerhaft durch die Abkehr von den endlichen Rohstoffen und die Hinkehr zu erneuerbaren Energien und nachwachsenden Werkstoffen, also letztlich zur unendlichen Quelle der Sonnenenergie. Wohl braucht der Übergang zu nachhaltigem Wachstum Lenkung und damit auch Eingriffe der Politik in die Märkte. Die Politik muss ihnen verbindliche ökologische Leitplanken setzen; auch werden die Energiepreise steigen müssen. Jedoch ist die Innovationsfähigkeit offener Gesellschaften unendlich, und damit spricht auch nichts gegen das Anwachsen des Wirtschaftsvolumens.

Ein von Carlo Jaeger vorgestelltes Modell mag als Beispiel dienen.[19] Für diese Studie bietet gerade die Erhöhung des europäischen Klimazieles auf 30 Prozent Reduktion der schädigenden Emissionen bis 2020 die Chance zu höherem Wirtschaftswachstum. Es wird möglich durch eine Mehrfachstrategie: einmal durch den dadurch entstehenden Druck und Drang zu innovativen Investitionen in die Wirtschaft, die durch Steuernachlässe gefördert werden sollen, dann durch ökologische Beschaffungs-Kriterien der öffentlichen Hand und schließlich durch Grenzsetzungen der Klimapolitik. Dabei verstärken sich drei Faktoren gegenseitig: Das verschärfte Klimaziel mobilisiert innovatives Kapital. Der Investitionsschub wiederum entbindet technologische Fortschritte, und die ihrerseits verstärken das Wachstum. Dieses neue Wachstum richtet sich dann nicht nur auf die Industrieproduktion sondern darüber hinaus auf Bildung, Gesundheit, Wohnung, Unterhaltung.

Das wäre ein ermutigendes Modell, wenn die Postulate zuträfen, die es tragen. Sein Gelingen hängt, wie die Studie betont, in hohem Maße ab vom Zutrauen der Kapitalgeber in das Gelingen dieses Aufschwungs und darum von „consistent policies“ (15) des Klimaschutzes. Daran aber fehlt es gerade, wie die Studie selbst feststellt und wie oben gezeigt wurde. Und nicht besprochen ist, ob sich das grüne Wachs-

---

19 Jaeger 2011a

tum angesichts der bestehenden und zu erwartenden Hindernisse tatsächlich so Klima schützend vollziehen kann, wie es diesem Modell vorschwebt. Ein bedeutender Faktor ist dabei der Rebound- oder Bumerang-Effekt der Effizienz-Technologien, der beträchtliche Teile der Energie- und Materialeinsparungen durch Mehrverbrauch wieder aufhebt.[20] Vor allem aber behandelt die Studie nur die durch Innovationen wachsenden Sektoren der Wirtschaft, nicht aber die um der Nachhaltigkeit willen schrumpfenden Bereiche und Unternehmen. Gewiss wächst etwa die Wind- und Solartechnik; aber ihr Wachstum wird weitgehend ausgeglichen durch das Ende der Atomtechnik und das Schrumpfen der Kohletechnik. Und wenn Autos kleiner und sparsamer werden müssen, fördert auch das nicht das grüne Wachstum des Bruttoinlandproduktes. So leistet die Studie ihren Beitrag zu der unausweichlichen Umgestaltung des Wirtschaftssystems, ohne die These zu entkräften, dass die technologische Erneuerung nur im Verein mit einschneidenden Verhaltensänderungen und dem mt ihnen verbundenen Minderbedarf an Produkten den Klimawandel zum Guten wenden kann.

Wenn die hier vorgetragene Analyse zutreffend ist, werden die Industrieländer, und mit ihnen Deutschland, nicht vor der Frage stehen, ob und, wenn ja, um welchen Preis sie ein Probleme lösendes Wirtschaftswachstum erreichen wollen. Sie werden sich vor der Situation finden, dass auf Wirtschaftswachstum kein Verlass ist, ja, dass es auch ohne Wirtschaftswachstum gehen muss. Und die Aufgabe wird sein, sich diesem Unabwendbaren nicht als einem feindlichen Schicksal zu unterwerfen sondern es aktiv zu gestalten. Das ist die vierte Lernaufgabe.

Der Wertewandel braucht die Politik

D. Zu lernen ist, die schwindenden Möglichkeiten, Probleme durch den Einsatz höherer Finanzmittel (also durch Geldschöpfen oder Schulden machen) zu verschieben, nicht als ein Verhängnis zu erleiden sondern mit

20 Santarius 2012

alternativem Handeln aktiv zu gestalten, und diese Aufgabe zwar auch als einen Aufruf zur Veränderung des persönlichen Lebensstiles zu verstehen, in erster Linie aber als einen der ganzen Gesellschaft gestellten Auftrag anzugehen. Diese gemeinsame Aufgabe ist freilich je nach den Lebensumständen mit höchst unterschiedlichen Verpflichtungen verbunden.

Ein neues Verständnis von Wohlstand ...

Die mit diesem Lernfeld gestellte Frage wird üblicherweise unter dem Leitwort kultureller Wandel oder Wertewandel diskutiert und steht dann in einem engen Zusammenhang mit dem, was von der Antike bis heute als das rechte Maß, als das gute Leben bedacht worden ist. In der Maxime, die vermutlich über dem Tempel von Delhi stand, hat diese Lebenskunst ihre schlüssige Form gefunden: Von nichts zuviel. Ein neues Verständnis von Wohlstand ist damit gesucht, bei dem die materiellen Werte in ihrer Bedeutung zurückweichen und dafür die immateriellen Werte des Lebens hervortreten. Mit ihnen kehrt Bedachtsamkeit zurück, Selbstbegrenzung wird als Gewinn erfahren. Simplify your life! ist eines der Losungsworte. Vorrang gewinnen gerade die intrinsischen Motive des Handelns. Intrinsisch (von innen) wird Handeln genannt, das nicht auf von außen kommende Reize reagiert wie Belohnungen oder Drohungen, vielmehr aus eigenem Antrieb erfolgt, aus einem inneren Wunsch, das also um seiner selbst willen geschieht und darum auch seinen Sinn wie seinen Gewinn in sich selbst trägt: Ich tue etwas, weil ich es tun möchte, weil ich es für richtig, für wichtig, für gut halte, weil ich mich in ihm selbst verwirkliche.

Ein begrenzter Teil der Bürgerinnen und Bürger eines Landes wie Deutschland kann in diesem Wertewandel eine Identität finden, die ihren Einsichten in die Bedrohtheit unserer Welt entspricht. Diese Menschen werden materiellen Wohlstand nicht verdächtigen wie der Fuchs, dem die hoch hängenden Trauben zu sauer sind, aber sie werden erproben, dass vieles zu Entdeckende, was an die Stelle der Erlebnismöglichkeiten materiellen Konsums treten wird, das Leben nicht ärmer macht, seine Freuden nicht schmälert, und ein sinnerfülltes Tun mit Erfüllungen belohnt, die den Vergleich mit dem, was aufzugeben war, nicht scheuen müssen. Dafür gibt es, wie noch zu zeigen ist, genug Belege.

… und ein Bonus für die sozial Schwachen

Jedoch ist zweierlei zu bedenken: Einmal stehen schon bei Menschen mit genug Lebensspielraum hohe Hürden vor der Bereitschaft, diese neuen Identität zu suchen. Das wird im nächsten Kapitel zu besprechen sein. Und zweitens hat ein großer und wachsender Teil der Bevölkerung die Freiheit zur Veränderung gerade nicht, weil ihm durch Geldmangel und berufliche oder soziale Einengung nahezu jeder Bewegungsraum fehlt. Gemeint sind die Menschen, die durch die zu erwartende Verteuerung des Lebens nicht nur in der Teilhabe an Menge und Häufigkeit der materiellen Kultur eingeschränkt werden, sondern denen der Anstieg der Lebenshaltungskosten die Existenzgrundlage zerstören würde. Das gilt für einen großen Teil der Rentner, der Arbeitslosen, der Menschen mit unterschiedlichen Behinderungen und in verschiedenartigen Zwängen. Eine Anmutung zum Wertewandel, eine Einladung zur Selbstbegrenzung verkennt ihre Lebenssituation und mag ihnen als ein Hohn auf ihre bedrängte Lage erscheinen. Ihnen darf nicht auferlegt werden, was sie nicht tragen können. Schon an dieser Stelle ist darum zu sagen, dass die sozial Schwachen einen ausreichenden Bonus in Gestalt von Ausgleichszahlungen erhalten müssen für die ökologischen und sozialen Belastungen, die der ganzen Gesellschaft auferlegt werden.

Auch aus diesem Grund ist eine Kultur der Nachhaltigkeit vor allem eine eminent politische Aufgabe. Politisch gesetzte Anreize, Beschränkungen und Verbote müssen den Rahmen abstecken, in dem um des Gemeinwohls willen die freie Gestaltung des Lebens möglich ist. Davon ist in Kapitel 4 zu sprechen.

Noch einmal: Zu lernen in Deutschland ist nicht der Aufschwung am hohen Reck der Innerlichkeit. Zu lernen ist nicht freiwillige Kargheit und auch nicht Bedürfnislosigkeit. Zu lernen ist, in ein bescheideneres Leben einzuwilligen und Lebensfreude und Lebenssinn mehr als gegenwärtig aus dem zu ziehen, was nur Menschen sich selbst und einander geben können. Maßvoller Konsum und geldwerte Erlebnisse bleiben ein erwünschter Teil des Lebens; aber viel mehr als gewohnt ist das, was Lebensgenuss bewirkt und Lebensglanz verleiht, als von Geld unabhängig zu erfahren.

3 | Was einer lernenden Gesellschaft im Wege steht

Was ist soll bleiben

Eindrücklich sind die Energien, die den gesellschaftlichen Wandel behindern und den Beharrungskräften ein Schwergewicht verleihen. Da ist einmal die Normativität des Faktischen. Was ist soll bleiben. Die Industriegesellschaften haben einen in der Menschheitsgeschichte einzigartigen Massenwohlstand hervorgebracht. Und in der Tat: Die Lebensmöglichkeiten heute sind beeindruckend: Von Essen, Trinken, Kleidung und Wohnen über Reisen, Sport, Unterhaltung, Hochkultur bis hin zur High-Tech. Das alles ist mit Geld verbunden und, so wie es heute angeboten wird, auf Geld angewiesen. Die Mehrheit der Bevölkerung hat darum ihrer eigenen Einschätzung nach viel zu verlieren. Das stärkt den Beharrungswunsch: Möglichst wenig soll sich ändern. Das jetzt Erreichte kräftigt seine Autorität dadurch, dass seine Fürsprecher es mit der frohen Botschaft der Erneuerung des Bestehenden verteidigen und gleichzeitig den Suffizienz-Gedanken als Abstieg, als Verlust des guten Lebens darstellen. Wer will schon „zurück in die Steinzeit"? Wer will sich schon Bescheidung, gar Kargheit vorhersagen lassen, wo doch innovative Technik die gereinigte Fortsetzung des errungenen Lebensstandards verspricht. Der technologische Wandel verheißt eine Lösung, die nichts oder doch nur wenig kostet; er verspricht die Jahrhundertprobleme zu beheben ohne Veränderungsnotwendigkeit.

Das Patchwork der Lebensstile

Dagegen ist nicht leicht anzukommen. Erst recht nicht, wenn der Beharrungswunsch unterfüttert wird von den bekannten Abwehr-Möglichkeiten ungeliebter Veränderungen. Da ist der oft untersuchte

Abstand zwischen Wissen und Handeln, für unseren Zusammenhang sichtbar in der Differenz zwischen Umweltbewusstsein und Umwelthandeln. Fast zwei Drittel der Befragten finden Umweltschutz wichtig, aber nur 8 Prozent beziehen Ökostrom, kaum mehr als ein Prozent leisten beim Fliegen Ausgleichszahlungen für ihre Klimagase. Da sind die teils berechtigten teils vorgeschobenen Gründe, sich Anforderungen an eigenes Handeln zu entziehen oder anderen Menschen das Handeln zuzuschieben: Ja, grundsätzlich wohl, nur jetzt gerade passt es nicht; Ja, wenn es alle täten, wäre ich dabei. Aber allein oder mit nur so wenigen? Ja, aber da müssten wohl erst einmal andere anfangen. Weiter: Die wenigsten Menschen folgen in ihrem Handeln einer einheitlichen Orientierung. Fast alle wählen aus dem vorhandenen Angebot an Normen, an Handlungsanleitungen das aus, womit sie sich in ihrem Leben zurechtfinden und was ihnen bekömmlich erscheint. Unsere Lebensstile haben Patchwork-Charakter, wie Fritz Reusswig das treffend genannt hat.[21] Dabei entstehen Unentschiedenheiten und Widersprüche zwischen Einsichten und Wünschen und zwischen Wünschen und konkurrierenden Wünschen (etwa zur CO_2-Minderung beizutragen und doch in den Urlaub zu fliegen. Etwa als Eltern die Kinder vor Verkehrsgefahren zu schützen und als Autofahrer ohne Tempolimit voranzukommen usw.). Nachhaltigkeit ist als ganzheitliche Vorstellung noch nicht realitätsgerecht. Dieselben Menschen zeigen Betroffenheit und Indifferenz, sind beunruhigt und leicht wieder besänftigt, verändern einiges in ihrem Leben und anderes nicht, folgen manchmal ihrer Einsicht, und ein anderes Mal folgen sie ihr eben nicht. Das ist ein vielfach bestätigter Befund.[22]

Das bisher Besprochene ist die Art und Weise, wie Menschen sich wohl zu allen Zeiten in der Welt eingerichtet haben. Zu ihr gehört auch, dass die, die Macht haben, sie verteidigen, und die, die Privilegien besitzen, sie schützen möchten gegen Wandel, der sie gefährdet. Daraus entstehen klare Blockaden gesellschaftlicher Veränderung, mächtig, aber

---

21 Reusswig 1994

22 Eine ausführliche Darstellung und Beurteilung von Barrieren eines sich selbst begrenzenden Lebensstiles bei Stengel 2011, 181 ff.

erkennbar und deshalb auch mit stärkeren Kräften oder aus der Notwendigkeit heraus zu bezwingen.

Faszination des Güterwohlstandes

Schwieriger sind andere Widerstände zu überwinden. Unsere Antriebe sind tief fundiert in den Leitvorstellungen unserer Kultur und in unserem Wertekanon. Ich nenne drei solcher Prägungen: die Faszination des Güterwohlstandes, den Fortschrittsgedanken und noch einmal die Vorstellung eines unbegrenzten Wachstums. Die anhaltende Faszination des Güterwohlstandes beeindruckt mich immer wieder, an mir selbst nicht weniger als an anderen. Etwas kaufen, etwas sein eigen nennen, etwas sich leisten können, das hat eine ungeheure Anziehungskraft und behält sie offenbar von der frühen Kindheit bis ins Alter. Ernsthaftem Nachdenken wird natürlich klar, wie viele der wichtigen Dinge des Lebens mit Geld wenig oder nichts zu tun haben, mit Geld auch gar nicht zu erreichen sind. Das werden nahezu alle Menschen zugeben und doch Geld und Güter ersehnen und viel daran setzen, sie zu vermehren. Auch unter denen, die mehr als genug zum Leben haben, bleibt das Streben erstaunlicherweise mit der Vergrößerung des Güter-Wohlstandes verbunden. (Je mehr die materielle Sättigung erreicht ist, desto wichtiger werden die symbolische Bedeutung der Güter und ihr Preis.) Nun wird zwar erkennbar, dass die meisten von uns auf die Vergrößerung ihres materiellen Wohlstandes kaum mehr hoffen können. Umso mehr richtet sich ihr Bestreben darauf, dass ihre Möglichkeiten nur ja nicht kleiner werden.

Fortschrittsdenken

Dann der Fortschrittsgedanke. Aus der christlichen Religion stammt die Vorstellung, dass das Weltgeschehen nicht einer statischen Ordnung folgt, auch nicht einen Kreislauf vollzieht, vielmehr in einer gerichteten Bewegung verläuft, dass es eine Geschichte hat, dass es diese Geschichte ist und fortschreitet auf ein Ziel hin, das als Gericht und damit als Ende, aber auch als neuer Anfang, als Beginn der Unendlichkeit gedeutet wird. Bis in die Neuzeit hinein liegt das erwartete

Neue außerhalb dieser Welt. Aber mit dem Zeitalter der Entdeckungen, mit den großen Erfolgen der Wissenschaft, mit dem Aufstieg des Bürgertums verblassen die Jenseitserwartungen und die Hoffnungen richten sich in diese Welt hinein auf eine bessere Zukunft. Sie gelten nun der Fortentwicklung von Mensch und Gesellschaft. Die Selbstvergewisserung des Menschen in der Aufklärung, die Trias Freiheit, Gleichheit, Brüderlichkeit der Französischen Revolution, sie werden die Leuchtfeuer des Fortschrittsdenkens und bleiben es bis heute.[23] Mag im 20. Jahrhundert mit seinen beiden Weltkriegen, dem Holocaust, den globalen Gefährdungen der Fortschrittsglaube erodieren, mag die Kulturkritik die inneren Widersprüche des Fortschrittsdenkens zeigen – in zwei zentralen Lebensbereichen hat sich der Fortschrittsglaube fast unerschüttert erhalten: in Technik und Ökonomie. Beide, Technik wie Ökonomie, werden weiterhin vom Fortschrittsdenken regiert und vom Versprechen einer besseren Zukunft, und beide bestimmen in hohem Maße den Zeitgeist. Wie sehr auch heute noch die Zukunftserwartung vom Fortschrittsdenken bestimmt ist, zeigen etwa die Energie-Szenarien, von denen im ersten Abschnitt die Rede war. Sie lassen ein ungestörtes Vertrauen in das Gelingen einer technologischen Revolution erkennen.

Der Fortschrittsglaube hat diese magnetische Anziehungskraft, weil er den Menschen größer zu machen verspricht, weil er seine Fähigkeiten und Kräfte zu entfalten verheißt, und auch, weil er Wandel ohne Umkehr zusichert. Die schöpferische Herausforderung liegt dann in der Überwindung von Grenzen, nicht im kreativen Umgang mit ihnen. Auf dieser Grundlage entsteht im ökologischen Denken die Faszination des Win-Win-Gedankens, des doppelten Gewinnes, einer von Nachhaltigkeitsdenkern immer wieder beschworenen Figur, der zufolge der Schutz der Natur gleichzeitig dem Menschen noch einmal einen Zugewinn beschert. Trotz seines begrenzten Rechts ist das Win-Win-Denken verführerisch, weil es einen durch Anstrengung erreichbaren

---

23 Matthias Zimmer hat für die Enquete-Kommission des Bundestages „Wachstum, Wohlstand, Lebensqualität“ Bedeutung und Wandel des Fortschrittsdenkens erhellend dargestellt. Kommissionsdrucksache 17(26)29

Mehrertrag verspricht und dabei vergessen macht, dass die Sicherung der natürlichen Lebensgrundlagen auch Bescheidung erfordert und nicht ohne eine Selbstbegrenzung der Ansprüche des Menschen an die Nutzung der Natur gelingen kann, also nur mit einer Einsicht erreichbar ist, die angesichts der gegenwärtigen Übernutzung und Überforderung der Natur im Begriff des Verzichtes am klarsten zum Ausdruck kommt. Verzicht aber ist für das Fortschrittsdenken ein Unding. Darum ist auch die Selbstbegrenzung so unwillkommen. Gegenüber dem Fortschritt in eine offene helle Zukunft erscheint Suffizienz dann als freiwillige Rückkehr in eine beschränkte düstere Vergangenheit. Es wird nicht leicht sein, dieses Kontrast-Denken aufzulösen. Am besten gelänge es, ließe sich das Leitbild des Fortschritts auf das Zusammenleben hin umwidmen und dabei von Geld und Technik lösen.

Noch einmal das Wirtschaftswachstum

Schließlich ist noch einmal die Vorstellung eines unaufhörlichen Wirtschaftswachstums zu betrachten. Fortschrittsglauben und Wirtschaftswachstum sind für viele Menschen heute wie siamesische Zwillinge. Wirtschaftswachstum ist die ökonomische Gestalt des Fortschritts. So erklärt sich, warum die Idee permanenten Wirtschaftswachstums die mentalen Infrastrukturen der Moderne tief geprägt hat und weiterhin prägt. Harald Welzer hat gezeigt, wie tief Wirtschaftswachstum und mit ihm das Versprechen materiellen Wohlstandes unsere Kultur durchdrungen hat. Für den Wachstumsglauben ist die Gegenwart der Transit in die Zukunft, in eine Welt, die von allem noch mehr als heute bereithält. Eine Gesellschaft, die so denkt, bewältigt die Zukunftsprobleme nicht etwa durch Anpassung der Bedarfe sondern durch ausgreifende Strategien, durch Wachstum eben. Wird das Öl weniger, wird tiefer gebohrt; wird das Wasser knapp, wird das Meer entsalzt. Geht den Flugzeugen der Treibstoff aus, wird statt Nahrungsmittel Biomasse angebaut.[24] Wir sind imprägniert mit der Kultur der Machbarkeit; darum haben die Anwälte des Prinzips „Weiter so und noch besser als bisher“ auch bei der Mehrheit so offenes Gehör.

24 2011, 34 f.

Insgesamt also eine eindrückliche Phalanx der Beharrungskräfte: der Wunsch, den erreichten Lebensstandard zu erhalten, das Patchwork der Lebensstile, die Dominanz der kulturellen Leitwerte von Fortschritt, Güterwohlstand, Wachstum, das Abschieben persönlicher Verantwortung. Ist überhaupt gegen diese Barrieren anzukommen? Können angesichts dieser Kräfte Gesellschaften wie die in Deutschland Nachhaltigkeit lernen? Ich versuche eine Antwort, und zwar eine bejahende.

4 | Eine Antwort[25]

Einstellungswandel – ein Modell

Der Soziologe Ferdinand Tönnies hat schon 1922 ein Modell vorgestellt, an dem sich Einstellungswandel gut klarmachen lässt. Einstellungen, so sagt Tönnies, treffen wir in drei unterschiedlichen Aggregatzuständen an. Aggregatzustand ist als das Maß verstanden, worin ein Mensch in seiner Ansicht mit sich einig ist. Es gibt feste, flüssige und gasförmige Einstellungen. Zu den ersten zählen die felsenfesten Überzeugungen, alles das, wovon ein Mensch erfüllt und durchdrungen ist, z.B. sein Glaube, aber auch die glaubensähnlichen kulturellen und sozialen Urteile und Vorurteile. Zur flüssigen Meinung gehört die Macht der Gewohnheit, die Bequemlichkeit des Vertrauens auf das Vorgesagte und Vorgeschriebene. Die dunst- oder gasförmige Meinung ist das, was nur einen geringen Grad von Gewissheit hat und darum zur Disposition steht. Veränderungen der Aggregatzustände ergeben sich, wenn Erschütterungen eintreten, wenn widersprechende Erfahrungen gemacht werden und die Meinungen, gewissermaßen durch Erwärmung, in Bewegung geraten. Dabei wird sich eine Meinung in aller Regel nur von einer zur nächsten Stufe verändern. Die feste kann zur flüssigen werden, die flüssige zur gasförmigen, und erst die kann verdunsten oder sich neu formieren.

---

25 Zu den Strategien gesellschaftlicher Veränderung gibt es eine ausgebreitete Literatur, zusammengefasst und weitergeführt von Kristof 2010a und b. Dieses Kapitel sucht nach den tragenden Motiven.

Das Modell erklärt die Einstellungsveränderung als einen Prozess, bei dem Anstöße von außen und eigenes Verarbeiten zusammenwirken. Niemand wird einem Menschen ausreden können, was der für seine Überzeugung oder gesicherte Erfahrung hält. Fühlt er sich bedrängt, wird er sie eher noch verstärken. Wohl aber kann man feste Überzeugungen lockern durch Hinweis auf Widersprüche, auf unerwünschte Folgen, auf andersartige Erfahrungen, durch Gegenargumente und sie damit mehr und mehr verflüssigen, sie also in jenen Zustand bringen, in dem sie dem Zweifel Zutritt gestatten. Und erst, wenn sie dadurch relativiert und damit entbehrlich werden, können sie einer als richtiger empfundenen Meinung weichen.

Dieses Schema ist zur Charakterisierung persönlichen Meinungswandels erstellt worden. Aber es enthält, denke ich, ebenso zutreffende Beschreibungen gesellschaftlichen Lernens, in dem ja eine Vielzahl unterschiedlicher Einflüsse aufeinander und auf Menschen einwirken. Ich möchte drei Motive besprechen, von denen sich Menschen in ihren fest gefügten Auffassungen erschüttern lassen und zu Veränderungen locken oder auch drängen lassen: die Aussicht auf Gewinn, die Angst vor Verlust, die Einsicht in die Unausweichlichkeit der Veränderung.

Aussicht auf Gewinn

Die Aussicht auf Gewinn an Geld oder Geldwert ist in einer Fortschritts- und Wachstumsgesellschaft wohl der stärkste Treiber persönlicher und sozialer Veränderung. Dennoch: Soviel Einsicht hat uns ja erreicht, dass für die große Mehrheit der Menschen in den Industrieländern nicht mehr viel hinzuzugewinnen ist, und dass schon viel gewonnen wäre, wenn sich der erreichte Lebensstandard erhalten ließe, sprich: wenn wenigstens der Inflationsausgleich gelänge. Auch die persönlichen Karrieren werden unsicher und gebrochen. Und so meldet sich ein anderes Verständnis von Gewinn zu Wort: eine Bewegung weg vom Vorrang des Güterwohlstandes und hin zu Zeitwohlstand und Beziehungswohlstand. Güterwohlstand und Zeitwohlstand erklären sich selbst. Beziehungswohlstand richtet sich auf den sozialen Lebensraum, in dem ich mich bewege, darauf, dass ich angenommen bin und mich zugehörig fühlen kann, dass mir gute soziale Beziehungen gelingen, dass ich für sie Zeit und Aufmerksamkeit habe. Es gibt Einzelne, auch Gruppen und Initiativen, die dieses Verständnis von Gewinn und Wohlstand leben und auch dafür werben. Gewinn ist für sie, sich aus dem Hamsterrad der Status-Vergleiche zu lösen und ihrem Leben Eigenwert zu geben. Für eine lernende Gesellschaft ist dieser Aufbruch unentbehrlich. Nur: Eine Mehrheitsbewegung wird er voraussichtlich nicht werden. Die freiwillig Veränderungsbereiten bilden in unserer Gesellschaft eine Minderheit von 5 bis 10 Prozent, und sie sind vor allem in den sozialen Mittelschichten zu finden. Die Hoffnung jedenfalls, hier entstünde eine große Bewegung, die die zu Anfang genannten Lernaufgaben in die Breite der Gesellschaft tragen könnte, hat sich bisher nicht erfüllt und bleibt auch für die vorhersehbare Zeit unwahrscheinlich.

Angst vor Verlust

Das zweite Motiv für Offenheit zur Veränderung ist Verlustangst. Auch Verlustangst hat eine doppelte Prägung. Einmal ist sie Angst vor materiellen Einbußen. In den Industriegesellschaften hat die große Mehrheit der Bevölkerung einen materiellen Lebensstandard erreicht, wie ihn in früheren Epochen nur kleine Oberschichten gekannt haben. Diese Mehrheit hat darum ihrer eigenen Einschätzung nach viel zu verlieren. Aber mehr und mehr kreuzt sich dieser Wunsch, das Erworbene zu behalten, mit einer ganz anderen Verlustangst. Sie sieht nicht nur den materiellen Überschuss des Lebens bedroht sondern die Basis des Lebens selbst. Gemeint ist die Sorge, das zum Leben Notwendige zu verlieren einmal durch Armut, aber doch auch durch Naturkatastrophen, Stürme, Fluten, Dürren, durch ein lebensfeindliches Klima, durch soziale Unruhen, wie sie England und Frankreich schon heimgesucht haben, durch Kämpfe und Kriege um Wasser, um Nahrung, um Ressourcen, um Arbeit; die Sorge also um Streit, dessen Täter und Opfer auch wir werden können. Diese Verluste scheinen für die Länder Mitteleuropas noch in der Ferne zu liegen; aber sie werfen schon ihre Schatten in unser Leben, und immer mehr Menschen haben wenigstens eine Ahnung davon, dass wir uns auf diese Bedrohungen einstellen müssen, dass wir etwas gegen sie tun müssen und auch können, dass wir global mehr Klima-Gerechtigkeit und mehr Lebens-Gerechtigkeit brauchen, dass wir teilen, dass wir abgeben müssen, wenn wir selbst in Frieden leben wollen. Diese andere Verlustangst ist eine konstruktive Angst, weil sie zu klugem Handeln anleitet. Rolf Haubl, der Direktor des Sigmund-Freud-Instituts in Frankfurt, rät uns zum Mut zur Angst. Wir brauchten Mut zur Angst, um die Gegenwart von der aufs Spiel gesetzten Zukunft her zu denken.[26] Diese Angst oder besser diese Einsicht ist gegenwärtig noch schwächer ausgeprägt als die Angst vor der Minderung des Güterwohlstandes; aber das mag sich bald ändern, und dann kann die Einsicht in die Gefährdung der Lebensbasis zu einem wichtigen Agenten einer lernenden Gesellschaft werden.

Der soziale Antrieb

Fast alle Menschen übernehmen in ihrem unmittelbaren Umfeld bereitwillig soziale Verantwortung. Darüber hinaus beteiligt sich mehr als ein Viertel der erwachsenen deutschen Bevölkerung ehrenamtlich an Gemeinschaftsaufgaben, zumeist in Gruppen und Vereinen. Auch hier vollzieht sich ein Wandel. Der Blick weitet sich über die persönlichen Belange hinaus zum Wohlergehen der Gesellschaft und über die Nächsten hinaus zu den Ferneren, sowohl den jetzt als auch den nach uns Lebenden. Die Einsicht, dass wir den kommenden Generationen die Welt lebenswert erhalten müssen und auch wollen, nimmt zu mitsamt der Folgerung, dass das Abstriche an der eigenen Inanspruchnahme der Natur einschließt.

Alle diese drei Lernmotive sind unentbehrlich. Aber der umfassendere Gewinnwunsch wie der Mut zur Angst wie der soziale Impetus sind allein oft nicht stark genug. In schwierigen Situationen halten sie den im zweiten Kapitel besprochenen Hemmnissen und Widerständen nicht stand oder bleiben als Handlungsantriebe zu schwach. Stark, wirksam werden sie, weil sich ihnen schon bald ungerufen ein viertes

---

26 mündliche Mitteilung

Lernmotiv unterlegen wird. Es ist für den ersten Blick das unscheinbarste, aber ich halte es für das Wichtigste. Es ist nichts freiwillig Gewähltes sondern etwas unseren Gesellschaften Widerfahrendes.

Die Stärke des Unausweichlichen

Gemeint ist die Unausweichlichkeit des Wandels unserer Lebensstile dadurch, dass die große Mehrheit der Bevölkerung schon bald mit deutlich weniger Mitteln wird auskommen müssen. Die Gründe dafür sind in Abschnitt 2 benannt. Sicher, auch der Wunsch nach sozialem Gewinn wird uns leiten, auch die produktive Verlustangst wird uns antreiben, und ebenso werden uns die Ansätze zur eigenen Gestaltung des Lebens anspornen; aber mehr noch wird uns die Anerkenntnis der Unabwendbarkeit dieser Bescheidung verändern: Was auf uns zukommt, was wir schon mitzuerleben beginnen, ist unausweichlich. Wenn die im zweiten Abschnitt vorgetragene Darstellung der vor uns liegenden Belastungen und Aufgaben zutrifft, wenn also die Klimastörungen zunehmen und uns die Notwendigkeit auferlegen zu handeln, wenn die Kosten für Ernährung und Wohnen, für den Erwerb energie- und ressourcenintensiver Produkte und Dienstleistungen ansteigen werden, wenn auch die Verpflichtungen der Industrienationen und damit ihrer Bürger steigen werden, für ein den Frieden ermöglichendes Mindestmaß an internationaler Solidarität Leistungen zu übernehmen, dann werden die Kosten des Lebens und Wirtschaftens deutlich steigen, und die allermeisten Menschen in diesem Land werden einen wachsenden Anteil ihrer Einkünfte benötigen, um die Grundbedürfnisse ihres Lebens zu stillen. Und das bedeutet auch, dass ein Teil der Ereignis- und Erlebniskultur wie des Gütererwerbs, die bisher so viel zum Wirtschaftswachstum beigetragen haben, schwinden wird, wohl nicht in einer jähen Veränderung sondern allmählich und in verträglichen Portionen. Dass dieser Wechsel nach und nach erfolgt, darauf ist dringend zu hoffen; denn dann haben Haushalte wie Unternehmen Zeit, sich die Situation verständlich zu machen, sich umzustellen, die Einbußen zu verarbeiten, und gleichzeitig können die Menschen den Gewinn an Zeit, an Eigentätigkeit, an sozialen Beziehungen, der dann möglich wird, sich zu eigen machen und nutzen.

Die Aufgabe heißt darum, diesen Wandel anzunehmen als die Bedingung der Zukunftsfähigkeit. Für viele in unserem Land ist diese Eingrenzung ihrer finanziellen Möglichkeiten nichts Ungewohntes. Für einen beträchtlichen Teil der Lohn- und Gehaltsempfänger setzt sich damit fort, was sie im Jahrzehnt zwischen 2000 und 2010 ohnehin schon erfahren haben. Bereits in dieser Dekade ist für viele der Anstieg der Bruttoverdienste deutlich hinter dem der Preise zurückgeblieben.[27]

Vom Hinnehmen zum Annehmen

Diese Bescheidung kann durchaus gelingen. Auf das, was sie als unumgänglich erfahren, stellen sich die allermeisten Menschen ohne größere Widerstände ein – unter zwei Voraussetzungen: Was ihnen abgefordert wird, muss einsichtig begründet sein, und es muss alle treffen je nach ihrer Leistungsfähigkeit. Das freilich ist entscheidend: Die Notwendigkeit der Einbußen muss erkennbar sein, und die Lösung muss solidarisch sein. Das letztere verlangt inzwischen Umverteilung. Da ein beträchtlicher Anteil der Bevölkerung von den neuen Belastungen überfordert sein wird, ist der soziale Ausgleich eine der wichtigsten politischen Aufgaben in der kommenden Zeit.

Ist der soziale Ausgleich gesichert, werden sich die allermeisten Menschen die Veränderung ihrer Lebensumstände gefallen lassen. Noch einmal: Was als notwendig erkennbar wird und was alle trifft entsprechend ihrer Leistungsfähigkeit, damit finden sich die allermeisten Menschen ab. Sie werden die Konsequenzen einer die Natur erhaltenden und den Frieden ermöglichenden Politik hinnehmen, nicht wenige werden eine solche Politik anerkennen oder sogar fordern. Das Rauchverbot ist dafür ein Beispiel. Für Raucher ist es eine große Einbuße. Aber die Schädlichkeit des Rauchens ist inzwischen so unwiderleglich erwiesen, dass der Wunsch, überall rauchen zu können, zurückstehen musste. Und zwar hat nicht die Selbstschädigung den Ausschlag gegeben – die eigene Gefährdung neutralisieren die meisten Raucher mit dem Hinweis auf den 90-jährigen Onkel mit seinen zwei Schachteln pro Tag oder auf die

27 Tarifpolitischer Jahresbericht 2011 des Wirtschafts- und Sozialwissenschaftlichen Instituts

Statistik, der zufolge die meisten Unfälle bei der Hausarbeit passieren. Nein, es war die Schädigung der anderen durch Passivrauchen, die das Rauchverbot unausweichlich machte. Es war in der Gesellschaft nicht länger zu tolerieren, dass Menschen um ihre Gesundheit gebracht werden, weil sie sich den Schädigungen nicht entziehen können.

Freilich, auch dann ist das Annehmen des Unvermeidlichen kein Selbstläufer. Uneinsicht und Widerstand können den geordneten Wandel gefährden und den sozialen Frieden empfindlich stören. Ob also früh genug Einsicht entsteht, ob dieser Einsicht stattgegeben wird, das entscheidet darüber, ob wir die Entwicklungen in eine neue Ordnung lenken können, oder ob die Veränderungen uns überrollen und Chaos verursachen.

Vom Zusammenwirken der Kräfte …

Nun geht es im Lernen der Nachhaltigkeit gewiss um weit mehr als beim Rauchverbot. Umso wichtiger ist das Zusammenwirken der Kräfte und die größtmögliche Beteiligung der Bürgerinnen und Bürger. Der Abschlussbericht der von der Bundesregierung eingesetzten Ethik-Kommission Sichere Energieversorgung hat als seine Kernaussage formuliert, die Energiewende in Deutschland könne nur als Gemeinschaftwerk von Politik, Wirtschaft und Gesellschaft gelingen. Auch das Hauptgutachten 2011 des WBGU, das dem gesellschaftlichen Wandel zur Nachhaltigkeit gewidmet ist, bespricht ausführlich das politische Instrumentarium, die Strategien und Akteure der Transformation zur Nachhaltigkeit. Es erkennt in allen Teilen der Welt einen messbaren Wertewandel hin zur Langfristigkeit und zur Zukunftsfähigkeit und rechnet mit unerwarteten Dynamiken und aus ihnen entstehenden Kipppunkten, ein Begriff, der bisher für die nicht mehr kalkulierbaren Bedrohungen jenseits der 2°-Grenze benutzt wurde, hier jedoch für die erhoffte Selbstdurchsetzung der Bewegung zur Nachhaltigkeit steht. Widerstände nehmen ab, Entscheidungsträger werden ermutigt, der Transformationsprozess beschleunigt sich. Politik, Gesellschaft, Wissenschaft und Wirtschaft schließen einen neuen Gesellschaftsvertrag und eröffnen so die nachhaltigen Entwicklungspfade. Ein starker

Staat reguliert und steuert den Prozess, die erweiterte Teilhabe der Bürgerinnen und Bürger balanciert und legitimiert ihn.

… und von ihrem Eigenrecht

So dringend all dies zu erhoffen ist, kann doch das Gemeinschaftswerk nur gelingen, wenn in der Transformation der Gesellschaft nicht nur Politik und Wirtschaft das Sagen haben, sondern auch die aktiven Teile der Gesellschaft an den Entscheidungsprozessen beteiligt sind, wenn also die drei Träger dieser gemeinsamen Unternehmung in ihren jeweils eigenen Funktionen gewürdigt werden. Nur wenn von allen anerkannt wird, was sie als ihre unterschiedlichen Sichten und divergierenden Interessen mit ins Spiel bringen, kann eine solche konfliktreiche Gemeinsamkeit gelingen.

In diesem Aufsatz geht es dabei vor allem um die sich in der Gesellschaft bildenden Kräfte des Wandels zur Nachhaltigkeit und um ihren Einfluss auf das Geschehen. Was die Transformation dieser Gesellschaft in ein nachhaltiges Gemeinwesen angeht, so gibt es bereits eine Fülle von Anfängen, von Vorhuten, von Pilotprojekten. Sie reichen von den Lovos, den Anhängern eines Lifestyle of voluntary simplicity, über die Tauschringe und Regionalwährungen, über kommunale und genossenschaftliche Gemeinschaftsprojekte, über das Town-Transition-Movement, über die Organisation von Kampagnen bis zur organisierten Zivilgesellschaft, und hier wieder vom BUND bis zu Greenpeace.[28]

Grenzen des kulturellen Wandels

Alle diese Initiativen, für die die genannten nur Beispiele sind, sind wichtig als Anreger, Aufreger, Treiber, Sachwalter, Mutmacher. Nur dürfen sie nicht mit überhöhten Erwartungen befrachtet werden. Ihre Fermentierung der Gesellschaft mit neuem Denken und neuen Erfahrungen ist unentbehrlich. Aber die Akteure dieser Lebenspraxis gehören zu einem Milieu, das nur wenige Prozent der Gesellschaft

---

28 Siehe jetzt auch futurzwei. Stiftung Zukunftsfähigkeit. http://futurzwei.org; http://nachhaltigewissenschaft.blog.de

umfasst. Lange Zeit bestand hier die Hoffnung, Bescheidung und Maß werde sich als Kulturwandel durchsetzen. Gemeint ist, dass die immateriellen Werte des Lebens besser verstanden und höher geschätzt werden, dass Bedacht und Langsamkeit einkehren, dass Selbstbeschränkung als Gewinn erkennbar wird. Nur: Diese Erwartung hat sich bisher nicht erfüllt. Sicher steigt die Zahl von Einzelnen oder Gruppen, die Selbstbeschränkung praktizieren und für sie werben. Ich kann aber nicht sehen, dass sie über die Mittelschichten deutlich hinausreichen.

Verordnete Nachhaltigkeit

Die wichtigen Entscheidungen zur Zukunftsfähigkeit können in dieser Gesellschaft von unten vorbereitet werden, sie werden aber die ganze Gesellschaft nur erreichen, wenn sie politisch durchgesetzt werden. So führt aller Voraussicht nach nichts an einer verordneten Nachhaltigkeit vorbei. Erst durch entschlossenes politisches Handeln werden sich nachhaltiges Wirtschaften und Konsumieren durchsetzen lassen. Das bedeutet: Es werden Gesetze und Verordnungen den Raum abstecken, innerhalb dessen Freiheit herrschen kann. Es wird ein bestimmtes Verhalten mit Anreizen ermutigt und anderes mit Belastungen entmutigt werden. Es werden Steuern und Abgaben erhöht und Vergünstigungen beendet werden.

Dass sich die politischen Instanzen zum Handeln entschließt, dazu wird die organisierte Zivilgesellschaft Entscheidendes beitragen. In ihr sammeln sich die Akteure und die Kräfte, die den notwendigen Wandel vorantreiben. Und erst gebündelte Kräfte schaffen in der Öffentlichkeit ein Klima und einen Druck, die den handelnden Politikern erlauben darauf aufzubauen. Die Abkehr von der Atomenergie ist dafür ein Beispiel. Die Regierung konnte sie nur beenden, weil in einem anhaltenden Prozess die Atomkritiker die Alternativen durchdachten, sich zusammenschlossen und eine öffentliche Diskussion erzwangen mit dem Ergebnis, dass für den Atomstrom keine Mehrheiten mehr zu gewinnen waren. Und die Regierung musste die Atomenergie beenden, wenn sie nach der Katastrophe von Fukushima die Aussicht auf Wiederwahl behalten wollte.

Ähnliches gilt für den Wandel zu nachhaltiger Wirtschaft und nachhaltigem Lebensstil im Ganzen. Aufbrüche in der Gesellschaft und staatliches Handeln werden, wenn es gut geht, zusammenwirken, und zwar in einer wechselseitigen Beziehung. Ohne die Bereitschaft eines aktiven Teils der Bevölkerung, die zu verordnenden Begrenzungen mitzutragen, werden die staatlichen Autoritäten kaum eingreifende Maßnahmen durchsetzen wollen und auch können. Umgekehrt werden erst für alle geltende Anordnungen in einem großen Teil der Bevölkerung die Bereitschaft erzeugen, sich ihnen zu fügen. Der Prozess mag dann verlaufen wie in dem Goetheschen Gedicht „Der Fischer“: Halb zog sie ihn, halb sank er hin. Halb werden Bürgerinnen und Bürger ihren Ahnungen und Einsichten folgen und eigene Bereitwilligkeit zum Wandel zeigen, halb werden die ihnen auferlegten Begrenzungen sie auch innerlich bereitmachen, ihre Lebensweise zu ändern.

Geht das in einer Demokratie?

Die Einbeziehung der organisierten Zivilgesellschaft in die Durchsetzung der Nachhaltigkeit ist die eine Aufgabe, in Teilen durchaus schon in Angriff genommen. Die andere, deutlich schwierigere Aufgabe ist die Mobilisierung der passiven, nur auf ihr persönliches Leben ausgerichteten Bevölkerung für den Wandel der Lebensweise und die Erarbeitung der öffentlichen Aufgaben. Hier gibt es verheißungsvolle Ansätze, angefangen von den Planungszellen Peter Dienels über die Zukunftswerkstätten Robert Jungks und Norbert Müllerts bis zu den im Gutachten des WBGU besprochenen Loskammern.[29] In jedem Fall geht es darum, durch Zufallsauswahl die bis dato unabgerufene Aufmerksamkeit, den ungenutzten Sachverstand, die innovative Intelligenz durchschnittlicher Bürger für die jeweilige Aufgabe zu gewinnen – mit ganz erstaunlichen Ergebnissen auch für die Lösung schwerer Konflikte. In solchen Verfahren liegt auch schon eine Teilantwort auf die bohrende Frage, ob denn Demokratien mit ihren kurzen Wahlperioden überhaupt Entscheidungen zulassen, die langfristiges

---

29 Dienel 2002[5]; Jungk/Müllert 1981 auch mit sich selbst meldenden Teilnehmern; WBGU 2011, 229 ff.

Denken und Handeln erfordern. Die Antwort heißt: ja. Nur Demokratien machen einen öffentlichen Diskurs möglich, in dem in einem konstruktiven Streit Entscheidungen reifen können, denen sich dann große Mehrheiten nicht nur beugen, sondern die sie sich zu eigen machen. Und diese offene Diskussion in den Medien und unter den Bürgerinnen und Bürgern wie auch die kämpferische Mitwirkung der Zivilgesellschaft werden es dann den handelnden Politikern ermöglichen, die lähmende Ambivalenz zwischen Einsicht und Mehrheitsbeschaffung aufzugeben und mutige Lösungen voranzubringen.

Es bleibt die Frage: Wann wird das sein? Wann werden sich Parteien, Parlamente und Regierungen auf die harten Fragen der Nachhaltigkeit einlassen können? Wann werden sie auf genug Einsicht der Bürgerinnen und Bürger setzen können, um auch Notwendiges aber Unerwünschtes durchzusetzen? Wie viel kann eine Regierung den Wählerinnen und Wählern zumuten, ohne ihre Wiederwahl zu gefährden? Diese Unsicherheiten sind gegenwärtig kaum zu klären; sie werden sich aber in dem Maße verringern, in dem die klimatischen und sozialen Belastungen selbst nach eingreifenden Maßnahmen rufen.

5 | Schluss

Vor den früh industrialisierten Ländern liegen gewaltige Aufgaben. Darum ist es nur zu verständlich, dass die Hoffnung auf Wirtschaftswachstum und seine Problem lösende Kraft so andauernd und insistierend ist. Wirtschaftswachstum verspricht die schonendsten Lösungen. Nur: Auf den Anstieg des Bruttoinlandproduktes ist kein Verlass mehr und ebenso wenig darauf, dass sich mit seiner Hilfe die sozialen Probleme bewältigen lassen. Wirtschaftswachstum kann weder befriedigende Arbeit für alle Arbeitswilligen schaffen, noch Schutz in Krankheit und Fürsorge im Alter bieten, noch den Ausgleich zwischen Reich und Arm ermöglichen. Dafür werden wir neue Wirtschaftsweisen, neue Lebens- und Arbeitsformen entwickeln müssen. Ansätze dazu liegen vor.[30]

---

30 BUND 2008; Seidl/Zahrnt 2010

Der Übergang zur Nachhaltigkeit wird ein Miteinander von Einsicht und von Zwang sein. (Marina Fischer-Kowalski) Die Einsicht wird den Zwang erträglich machen, der Zwang wird die Einsicht fördern. Einmal wird das staatliche Handeln in der Bevölkerung Akzeptanz bewirken, ein anderes Mal wird die Einsicht der Bevölkerung die Politik zum Handeln treiben.

Ich höre den Einwand: Ohne eine Verheißung, ohne ein leuchtendes Ziel wird es nicht gehen. Die Nachhaltigkeit nur auf ihre Unausweichlichkeit zu gründen das ist zu wenig. Niemanden wird das zum Aufbruch bewegen. Stimmt das? Sind nur mit einer neuen Vision Menschen zu bewegen, ihr Leben umzustellen? Ist nur eine befriedete Gesellschaft bereit sich zu ändern? Ich denke nicht. All dies ist hoch wünschenswert, aber nicht die Bedingung einer nachhaltigen Gesellschaft. Wenn, wie zu erwarten ist, die Probleme sich verdichten, wenn die Anforderungen an das Leben steigen, dann wird anderes gefragt sein als Visionen, nämlich Ausdauer, Besonnenheit, Widerstandsfähigkeit, also das, was das treffende englische Wort Resilience meint und was das Lexikon mit Unverwüstlichkeit übersetzt. Mit ihr wird neben dem Schweren auch Schönes zu entdecken sein, vor allem das, was nur Menschen einander geben können.

In diesem Text habe ich Überlegungen vorgetragen, wie eine Gesellschaft Zukunftsfähigkeit lernen kann – wenn es gut geht. Gesichert ist nichts davon; aber es lohnt sich dafür zu arbeiten.

Für eine Politik der Energie-Suffizienz

Koautor dieses Textes ist Gerhard Scherhorn.

Zusammenfassung

Dieser Impuls wurde vor der Nuklearkatastrophe in Fukushima geschrieben. Sie macht eine Politik der Energie-Suffizienz nur umso dringender. Dass atomare Stromerzeugung eine sichere Energieform sei, können von jetzt an nicht einmal mehr ihre Befürworter behaupten. Auch die Ölförderung ist, je weiter sie sich unter das arktische Eis, auf Teersände und in die Tiefsee verlagert, mit desto weniger beherrschbaren Risiken behaftet, wie zuletzt Deep Water Horizon gezeigt hat. Die Fortsetzung der Kohleverstromung schließlich macht die Klimaerwärmung unumkehrbar. Bei allen drei Primär-Energiequellen übersteigen die ökologischen wie die finanziellen Langzeitkosten inzwischen ihren ökonomischen Nutzen.

Zukunftsfähig ist allein der beschleunigte Systemwechsel zu den erneuerbaren Energien. Aber er wird auf absehbare Zeit mit der heute prognostizierten Steigerung des weltweiten Energiebedarfs selbst dann nicht mithalten, wenn zugleich die Energie-Effizienz nach Kräften forciert wird. Darum ist Energie-Suffizienz unverzichtbar. Die Industrieländer müssen damit beginnen, so wie sie mit der Eskalation des Bedarfs an fossiler Energie begonnen haben; denn für die Entwicklungsländer muss wenigstens auf kurze Zeit ein Nachholpotential erhalten bleiben. Gelingt die Verlangsamung des Energiebedarfes nicht, ist die menschliche Zivilisation akut gefährdet. Damit sie gelingen kann, ist – das machen die Schrecken in Japan deutlich – zupackendes politisches Handeln erfordert. Dafür wirbt dieser Beitrag.

Alle Energieszenarien bis 2011 leiden unter einer Überschätzung der technologischen Lösungen. Sie gehen davon aus, dass das Klimaziel auch bei unveränderter Steigerung der Energienachfrage allein mit

Energieeffizienz und der Erschließung erneuerbarer Energien erreicht wird. Auf die Hemmnisse, die sich aus widerstrebenden Interessen, dem Zeitbedarf der Anpassung und der Verknappung der naturgegebenen Ressourcen ergeben, gehen sie kaum ein. Die Shell-Szenarios 2011 brechen mit dieser Tradition. Sie zeigen, dass ein im bisherigen Tempo weiter steigender Energiebedarf bis 2050 auch mit erneuerbaren Energien nicht gedeckt werden kann, zweifeln aber zugleich an der Fähigkeit der Menschheit, die steigende Energienachfrage einzudämmen. Noch immer fehlt ein alternatives Szenario, das darstellt, wie die technologischen Lösungen von einer planmäßigen Verlangsamung des Energiebedarfs flankiert werden können, die die bisherigen Reboundeffekte als Treiber ausschaltet. Die Einsetzung einer Enquetekommission des Bundestags zum Thema Wachstum Anfang 2011 bietet die Chance, der Politik und der Öffentlichkeit vor Augen zu führen, dass den Produzenten und Konsumenten noch immer die politischen Voraussetzungen dafür fehlen, ihre Energienachfrage aus eigenem Antrieb zu verringern.

1 | Die Energieversorgung muss bis 2050 emissionsfrei sein

In der Klima-Wissenschaft und inzwischen auch bei den großen Energieversorgern besteht ein Einverständnis: In Deutschland als einem der früh industrialisierten Länder wie insgesamt in Europa muss die Energieversorgung bis 2050 fast ohne Emissionen von Treibhausgasen bereitgestellt werden. Nur dann bleibt das 2°-Ziel erreichbar. Die Vorstandsvorsitzenden von 60 der größten Europäischen Energieunternehmen haben am 18. März 2009 eine feierliche Deklaration verabschiedet. Ihr zufolge wollen sie bis 2050 „a carbon-neutral power supply" in Europa erreichen.[1] Die Vorsitzenden der vier dominierenden deutschen Energiekonzerne gehören zu den Unterzeichnern. Auch in der deutschen Politik ist diese Einsicht angekommen. Die Bundesregierung hat im September 2010 ihr Klimakonzept

---

1 Eurelectric 2009, A Declaration by European Electricity Senior Chief Executives

2050 verabschiedet und sich dabei als Klimaziel die Minderung der Treibhausgase um 80 bis 95 Prozent gesetzt.[2]

Eine Reduktion in dieser Höhe ist in der Tat unausweichlich. Denn nur dann wird es Klimaschutz-Verträge mit den Entwicklungsländern geben. Noch immer verursacht ja ein Amerikaner fünfmal und ein Deutscher dreimal soviel Kohlendioxid wie ein Chinese. Ganz Afrika liegt noch einmal weit darunter. Jetzt ziehen die Schwellenländer nach, China hat, nicht pro Kopf, wohl aber als Land die USA im Ausstoß klimaschädlicher Gase bereits überholt. Aber im Lebensstandard liegen die Entwicklungsländer weit zurück. Und sie werden nicht darauf verzichten, in der industriellen Entwicklung und im Lebensstandard zu den Industrieländern aufzuschließen. Sie werden darum das Wirtschaftswachstum so lange über den Klimaschutz stellen, solange die Industrieländer ihnen kein zukunftsfähiges Wirtschafts- und Wohlstandsmodell vorleben und damit zeigen, dass sie die gemeinsame Verantwortung für diesen Planeten ernst nehmen. Und wenn es keine globalen Klimaschutz-Verträge gibt, dann werden die Industrieländer ihnen den Lebensraum zerstören und umgekehrt.

Wir erinnern an den Kalten Krieg zwischen Westen und Osten. Er ist für die Jüngeren eine beinahe unbekannte Phase der Nachkriegsgeschichte geworden, uns Älteren bleibt er dafür umso beklemmender in Erinnerung. Was damals den heißen Krieg verhindert hat, war die Mutual Assured Destruction, die gesicherte Fähigkeit gegenseitiger Vernichtung mit Atomwaffen. Was damals die Atomwaffen waren, ist heute das Klima. Und wieder müssen wir hoffen, dass die gesicherte gegenseitige Vernichtung uns und alle Beteiligten zur Einsicht bringt. Es ist das aufgeklärte Eigeninteresse der früh industrialisierten Länder, also auch Deutschlands, bis zur Mitte des Jahrhunderts eine emissionsfreie Energienutzung zu erreichen.

---

2 Bundesregierung 2010, Energiekonzept 2050. Deutschlands Weg zu einer bezahlbaren, zuverlässigen und umweltschonenden Energieversorgung

2 | Bisherige Energie-Szenarien überschätzen die Energieeffizienz

Unsere These ist, dass dieses Ziel mit der Steigerung der Energie-Effizienz und mit dem Übergang zu erneuerbaren Energien allein nicht zu erreichen ist, dass dazu vielmehr ebenso eine Verringerung des Bedarfs an Energiedienstleistungen gehört. Diese Minderung der Inanspruchnahme von Energie kann mit einer Politik der Energie-Suffizienz gelingen, und nur mit ihr.

Es hat den Anschein, als ließe sich diese These leicht entkräften. Denn wir kennen aus den letzten drei Jahren, seit der Mitte von 2008, nicht weniger als 15 Szenarien (siehe Anhang), die auf das Ziel einer emissionsfreien Energieerzeugung und -nutzung in Deutschland gerichtet sind und dieses Ziel bis 2050 für voll oder doch wenigstens zu 80 Prozent erreichbar erklären (nur ein Szenario bleibt bei 70 Prozent), und zwar so, dass am heutigen Lebensstandard und am gewohnten Lebensstil nahezu keine Einbußen zu erwarten sind. Wirtschaftswachstum bleibt möglich, wird sogar stimuliert, neue Arbeitsplätze entstehen. Die Szenarien sind allesamt von renommierten Organisationen erarbeitet, teilweise erkennbar mitgetragen von manifesten Interessen, politischen, wirtschaftlichen, gleichzeitig ernsthaft und umsichtig in ihrer Argumentation.

Sie alle erstreben die Energiewende mit technologischen und organisatorischen Mitteln. Sie setzen auf eine gewaltige Steigerung der Energie-Produktivität („Effizienz") und auf die volle Durchsetzung der erneuerbaren Energien („Konsistenz"), und sie geben zu erkennen, dass Suffizienz nicht nötig ist, dass es vielmehr genügt, diese Technologien schnell und konsequent aufzubauen.[3]

3 Das gilt für zehn der fünfzehn. Die andern enthalten Hinweise auf einzelne Verhaltensänderungen, hoffen etwa durch Wandel des Lebensstiles auf 30 Prozent weniger Pkw-Verkehr durch Vermeidung und Verlagerung (Anlage Nr. 3), auf 30 Prozent oder gar 50 Prozent Reduktion des Milch- und Fleischverzehrs (5, 14), auf weniger Fernurlaube (14); nur drei denken auch an Maßnahmen wie höhere Kfz-Steuern (9), Beseitigung des Dienstwagenprivilegs (5), Tempolimit (9, 12) und City-Maut (9); nur ein Szenario macht Verhaltensänderungen durch Sensibilisierung der Bevölkerung (II, 319) zum konstituierenden Bestandteil der Zielerreichung (4)

Einige dieser Szenarien rechnen noch mit Atomkraft und mit CCS, also der Abspaltung und sicheren Einhegung von CO_2, oder aber mit einem hohen Anteil an Biomasse; aber andere sind sich sicher, dass allein mit frei verfügbaren erneuerbaren Energien bis 2050 eine emissionslose Energieerzeugung und -versorgung erreichbar ist. Die dafür empfohlenen Strategien sind höchst unterschiedlich. Für die einen ist die entscheidende Energiequelle die Windkraft, für die andern die Sonne, für die dritten eine Mixtur aus allen verfügbaren Quellen. Die einen möchten den Strom möglichst dezentral erzeugen, die andern setzen auf Großtechnik und ein zentrales europäisches und über Europa hinausreichendes Netz. Die für alle Systeme notwendigen Stromspeicher finden die einen in Norwegens Wasserkraft, die andern in der Umwandlung von Strom in Wasserstoff oder Methan.

Damit kein Missverständnis entsteht: Wir sprechen nicht gegen diese Szenarien, sondern legen sie vielmehr unserer Argumentation zugrunde. Der Systemwechsel zu Effizienztechnologien und Erneuerbaren Energien ist unumgänglich, er muss gelingen, und er kann auch, wie die Szenarien zeigen, zu großen Teilen gelingen. Szenarien sind als Vorausschau und zur Planung unentbehrlich, und mehrere von ihnen nehmen ja wichtige Positionen ein gegen Großkraftwerke, gegen die Fortsetzung der Kohleverstromung, gegen Atomstrom, gegen die unbedachte Verwendung von Biomasse. Die meisten Szenarien verschweigen auch nicht, dass dieser Systemwechsel eine Herkules-Aufgabe sein wird. Sie sehen Schwierigkeiten voraus, die von Uneinsicht hervorgerufen werden, von Kurzsichtigkeit, von nationalen Beschränktheiten, oder sich durch Behäbigkeit dem Wandel in den Weg stellen. Alle Szenarien sind sorgsam bedacht und sehr hilfreich als Diskussionsgrundlage verantwortlicher Planung.

Nur: Fast alle Szenarien sind von einer irritierenden Zuversicht geprägt. Sie zeigen ein ungestörtes Vertrauen in das Gelingen einer technologischen Revolution: Die Technologien werden es richten. Darum verwenden die Szenarien keine Aufmerksamkeit auf die Frage: Was tun, wenn diese so stringent durchdachte Entwicklung hinter den Erwartungen zurückbleibt? Was tun, wenn Teile davon misslingen oder doch nur teilweise gelingen, wenn Widerstände sie aufhalten oder auch teilweise scheitern lassen? Vielleicht ist eine solche Bedenklichkeit nicht ihr Auftrag. Aber dann ist dies umso mehr die Aufgabe kritischer Betrachtung. Sie wird die idealen Annahmen der Szenarien mit den Erfahrungen konfrontieren, die die gesellschaftliche Wirklichkeit und die faktische Politik bereithalten, kurz, sie wird die Realitätsnähe ihrer Positionen bedenken. Und da entstehen erhebliche Zweifel. Sie lassen sich zusammenfassen in einem Satz aus dem Gutachten, das sich die Bundesregierung für ihr Energiekonzept 2050 hat erstatten lassen: „Das rechnerische Ergebnis sagt aber noch nichts darüber aus, wie realistisch die Zielerreichung in der Praxis ist.“[4]

3 | Auch die künftige Verfügbarkeit erneuerbarer Energien wird überschätzt

Der Harmonie zuversichtlicher Einschätzungen stehen seit dem Erscheinen der Shell-Studie „Signals and Signposts“ im Februar 2011 drei Aussagen entgegen:

- Der Welt-Energiebedarf wird rapide zunehmen, insbesondere weil die nachholenden Länder zunehmend in die Industrialisierungsphase ihrer Entwicklung eintreten. Er könnte bis 2050 auf das Dreifache der Energienachfrage von 2000 ansteigen. Der weltpolitische Strukturwandel lässt eine konzertierte Abschwächung der Nachfrage als unwahrscheinlich erscheinen.

- Durch Erhöhung der Energieeffizienz wird nicht mehr als 20 Prozent des Nachfrageanstiegs abgedeckt werden, durch Steigerung der normalen Produktion allenfalls 50 Prozent mit sinkender Tendenz. Es bleibt für 2050 ein Nachfrageüberhang von etwa einem Drittel der voraussichtlichen Gesamtnachfrage.

- Erneuerbare Energien werden nicht ausreichen, dieses ungeheure Defizit zu decken, schon weil es zu lange dauert, bis die neuen Technologien ausgereift und die neuen Infrastrukturen verwirklicht sind.

4 ewi/gws/prognos, 188 (Anhang, Scenario 9)

Den letzten Punkt können wir nur unterstreichen. Dazu sei auf drei Problem-Ebenen hingewiesen: Die Ebenen der Bereitstellung des Kapitals, des technologischen Gelingens und der politischen Durchsetzbarkeit. Auf allen dreien wirkt sich der Zeitbedarf der Umstellung mindestens verzögernd aus. Auf einer vierten Problem-Ebene zeigt sich, dass der Erschließung erneuerbarer Energien durch die Verknappung der Rohstoffe auch dauerhafte, absolute Grenzen gezogen werden.

Zum Kapital nur kurz. In einem der Szenarien, der *Roadmap 2050* der European Climate Foundation, wird das gesamte Kapitalinvestment bis 2050 für Deutschland auf 2,8 Billionen Euro geschätzt.[5] Eine Summe in dieser Höhe wird die Wirtschaft in der Erwartung hoher Gewinne wohl aufbringen können, zumal wenn dem Investment Einsparungen in gleicher Höhe gegenüber stehen, nämlich für nicht mehr benötigte fossile Energien und für eingesparte Kosten im Emissionshandel. Der Ölpreis wird ja nicht bei 90 Euro pro Barrel bleiben, und die Verschmutzungsrechte nicht bei 15 Euro pro Tonne. Nur: Hohe private Investitionen setzen Investitionssicherheit voraus. An dieser Sicherheit fehlt es gegenwärtig elementar. Und: Nicht nur die Unternehmen, auch die öffentlichen Hände werden erhebliche Mittel bereitstellen müssen: für Förderprogramme zur Gebäudesanierung, für den Ausbau des öffentlichen Nah- und Fernverkehrs, für die konsequente Wärmedämmung ihres großen eigenen Gebäudebestandes usw. Woher soll dieses Geld kommen angesichts der immer enger begrenzten finanziellen Handlungsspielräume, und auch angesichts von 1,8 Billionen Euro Schulden von Bund, Ländern und Kommunen in Deutschland?

Erhebliche Zweifel haben wir mit Bezug auf das plangemäße technische Gelingen so komplexer Systeme. Zweifel nicht daran, dass sie sich den gesteckten Zielen erheblich annähern werden. Wohl aber, dass sie diese Ziele in der veranschlagten Zeit von nur vier Jahrzehnten einigermaßen vollständig erreichen können. Lassen sich die technischen Systeme in so kurzer Zeit im Volumen ausreichend und flächendeckend installieren, also die neuen nationalen und internationalen

---

5 Szenario Nr. 6, S. 80 (siehe Anhang)

Hochspannungs-Gleichstrom-Übertragungs-Transport- und Verteilnetze, die Methan- und Wasserstoff-Kraftwerke samt der zugehörigen Leitungssysteme, die unterirdischen Lagerplätze und die Transportleitungen für den verflüssigten Kohlenstoff, die Stromspeicher, die Wärmepumpen? Und werden sie, vor allem wenn es zentral gesteuerte Systeme sind, fehlerresistent genug sein und ausreichend geschützt werden können?

Weiter: Eine Crux bleibt in allen Szenarien die Mobilität. Der Autoverkehr wird ja weiter wachsen, wenn unsere Lebensumstände so bleiben, wie die Szenarios uns zusichern. Ob dann der Übergang zur Elektro-Motorisierung von Pkw so schnell und so weitgehend gelingt, wie die Szenarien es vorhersagen (nämlich in Deutschland 50 Prozent bis 2050, was 30 Millionen Elektrofahrzeuge bedeuten würde)? Und wird die Energie-Bilanz der geplanten E-Mobile tatsächlich so viel günstiger sein als die der heutigen Autos? Das kann nur gelingen, wenn Pkw drastisch kleiner und leichter werden. Werden die Autokäufer ihre heutigen starken Ansprüche an ein Auto freiwillig zurücknehmen, aus eigener Einsicht und gegen eine Industrie, die darauf setzt, dass sich nur der Antrieb ändern muss, die übrigen Merkmale des Automobils aber gleich bleiben können? Ungeklärt ist auch, ob für eine so weitgehende Elektromobilität die seltenen Ressourcen ausreichen, vor allem, wenn man nicht nur an Deutschland, sondern an den zu erwartenden globalen Pkw-Bestand denkt. Nach einer Vorausschau des Umwelt- und Prognose-Instituts würde bei Fortsetzung der gegenwärtigen Trends schon bis 2030 die Zahl der Pkw auf mehr als 2 Milliarden ansteigen.[6]

Und was wird mit dem Luftverkehr, dem Schiffsverkehr und dem Schwerlastverkehr? Alle drei lassen sich nur marginal mit Strom betreiben. Ihren Treibstoff sollen Wasserstoff und Biomasse bereitstellen. Biomasse als Treibstoff gerät aber angesichts des wachsenden Hungers in der Welt schon heute in eine immer härtere Konkurrenz mit der Produktion von Nahrungsmitteln und wird schon in den nächsten Jahren

6 UPI-Bericht Nr. 35

zu einem großen Konfliktpotential werden. Und ohnehin liegen mit Bio-Methan oder Wasserstoff angetriebene Schiffe weit in der Zukunft. Dass sich drei der Szenarien auf 100 Prozent erneuerbaren Strom konzentrieren, erklärt sich aus der zentralen Bedeutung der Elektrizität, mag aber auch eine selbst gewählte Erleichterung der Aufgabe sein, weil ja ein erheblicher Teil des Straßenverkehrs, fast der gesamte Luft- und Schiffsverkehr wie auch eine Reihe industrieller Prozesse nicht auf erneuerbar gewonnenen Strom umgestellt werden können. Fulminant gelöst ist in diesen Strom-Szenarios also nur eine Teilaufgabe, die Entscheidendes unbehandelt lässt.

Nicht geringer sind die politischen Unsicherheiten. Der völlige Umbau des Energiesystems mit seinen Umwandlungskraftwerken, mit seinen neuen Netzen und Speichersystemen stellt enorme Anforderungen an die staatliche nationale und europäische Lenkung. Sie muss den einzuschlagenden Energiepfad festlegen (sich also innerhalb der konkurrierenden, teils auch einander widersprechenden Szenarien entscheiden), sie muss Rahmengesetze erlassen und Marktregulierungen vornehmen. Was dabei an Lenkungsmaßnahmen, an oberirdischer und unterirdischer Raumordnung notwendig wird, erfordert von allen Beteiligten eine Bereitschaft zu tief greifender Veränderung – von Staaten, Unternehmen, Bürgerinnen und Bürgern.

Man denke nur daran, dass Frankreich gegenwärtig den Großteil seiner Energie atomar gewinnt, und Polen aus Kohle. Das sollen diese Länder innerhalb von vier Jahrzehnten völlig umstellen? Eine Bereitschaft zu solch grundlegender Neuorientierung ist noch nicht erkennbar. Sowohl die politischen Instanzen, in Deutschland wie in Europa, als auch die Energiewirtschaft selbst sind gegenwärtig unentschieden, welche Richtung die Energiewende nehmen soll, welche Energiequellen gewählt und welche abgewählt werden sollen. Fehlende Klarheit der gesetzlichen Rahmenbedingungen macht aber Kapitalinvestitionen in Zukunftsindustrien unsicher. Dabei müssten die großen Investitionen jetzt innerhalb weniger Jahre getätigt werden; denn je später sie erfolgen, desto schwieriger ist das Klimaziel erreichbar, desto höher werden dann die Anforderungen an Technik und Kapital. Die

Szenarien dringen einhellig auf baldige politische Entscheidungen. Da diese aller Voraussicht nach nicht so schnell wie nötig und erwünscht fallen können, werden auch die politischen Verzögerungen das Klimaziel nicht vollständig erreichen lassen – jedenfalls nicht allein mit Technologie.

Schließlich: Keines der Szenarien bedenkt ernsthaft den Rebound-Effekt, die Bumerang-Wirkung der Energie-Effizienz. Gemeint ist, dass die Einsparung an Energie durch einen höheren Gesamtverbrauch überkompensiert wird. Energie-Effizienz hat ja einen Janus-Kopf: Sie spart ein und sie weitet aus. Weil der Kostenanteil der Energie am Produkt geringer wird, führt oder verführt Effizienz leicht zum Mehrverbrauch, zumal die Einsparung das gute Gewissen verleiht, mehr zu produzieren und mehr zu verbrauchen, weil das einzelne Produkt ja die Umwelt weniger belastet. Alle Szenarien rechnen aufgrund hoher Effizienz bis 2050 mit einer beträchtlich sinkenden Energiemenge, teilweise bis fast auf die Hälfte, berücksichtigen aber nicht den gegenteiligen („Rebound-")Effekt der Einsparung: Autos mit geringerem Verbrauch, aber mehr und aufwendigere; sparsamere Elektrogeräte, aber immer mehr davon, wirksamere Heizungen aber mehr Wohnfläche usw. Und nicht nur was jetzt da ist, braucht Energie. Es entstehen immer neue energie-getriebene Produkte und Anwendungen und damit immer neuer Verbrauch. Das Internet etwa verursacht einen beträchtlichen Materialbedarf und eine Strommenge, die heute bereits, Schätzungen zufolge, etwa 2 Prozent des gesamten CO_2-Ausstoßes verursacht – mit stark steigender Tendenz.

Und was bisher in keinem Szenario bedacht wird: Die Verknappung der naturgegebenen Stoffe, die heute nicht mehr wegzureden ist, wird eine absolute Grenze immer weiter in den Vordergrund rücken, nämlich den Stoffbedarf aller Technologie, bei der Energiegewinnung und -versorgung ebenso wie bei der Produktion von Gütern und Diensten. Er macht es vollends fraglich, dass ein ungebremster Anstieg des Energiebedarfs gedeckt werden kann.[7]

7 Trainer 2006

4 | Auf einen kulturellen Wandel können wir nicht warten

Das Zwischenergebnis heißt: Die früh industrialisierten Länder werden auf dem Weg zu einer emissionsfreien Energieerzeugung und -versorgung mit neuen Technologien einen großen Schritt vorankommen. Aber sie werden das 2°C-Ziel mit Energieeffizienz und Erneuerbaren Energien allein nicht erreichen. Das gilt auch für Deutschland.

Will das Land am Klimaziel festhalten, will es seine solennen Erklärungen einlösen, bis 2050 zu emissionsfreier Energie zu wechseln, dann muss die Steigerung der Energieeffizienz und die Erschließung der Erneuerbaren Energien durch einen substantiellen Minderverbrauch von Energie ergänzt werden, also nicht nur durch relative sondern durch absolute Verbrauchsminderung.

Diese These könnte in einem eigenen Szenario überprüft werden, das die bisherigen Szenarios aufnimmt und mit realistischen Annahmen über die sozialen Prozesse konfrontiert, über die Widerstände und den Zeitbedarf zu ihrer Überwindung. Die Annahmen würden so formuliert, dass ihre Wirklichkeitsnähe mit der kritischen Öffentlichkeit diskutiert werden kann. Es würde sich zeigen, dass ohne eine Politik der Energiesuffizienz das Klimaziel, die Erhöhung der Durchschnittstemperatur vom Beginn der Industrialisierung bis 2050 unter oder bei +2° C zu halten, aller Wahrscheinlichkeit nach nicht erreichbar ist, dieses Ziel aber nicht über 2050 hinausgeschoben werden darf, weil dann mit unvorhersehbaren, irreversiblen Entwicklungen gerechnet werden muss.

Ein solches Herangehen scheint inzwischen politikfähig zu sein. So soll die Enquete-Kommission des Bundestages Wohlstand, Wachstum, Lebensqualität untersuchen, ob nachhaltiges Wirtschaften grundlegende gesellschaftliche Veränderungen und Änderungen im Lebensstil der Einzelnen erfordert, und sie soll ebenfalls herausfinden, wie entsprechende Verhaltensänderungen durch politische und rechtliche Rahmenbedingungen begünstigt werden können. Bezieht die Kommission diesen Auftrag auch auf die Entwicklung des Energiebedarfs, so müssen am Ende dieser Untersuchungen nicht nur Handlungsempfehlungen stehen, die den eigenverantwortlich handelnden Bürger und Verbraucher ansprechen, sondern auch Vorschläge für eine Politik, die es diesen ermöglicht und erleichtert, mit ihrer Nachfrage nach Energiedienstleistungen Maß zu halten.

In einer Minderheit der Gesellschaft findet sich die Einsicht, dass die Industrieländer gegenwärtig mit ihrem Lebensstandard die Natur übernutzen, und die Hoffnung, dass die immateriellen Werte des Lebens besser verstanden und höher geschätzt werden, dass Maß und Langsamkeit einkehren, dass Selbstbeschränkung als Gewinn erkennbar wird. Doch man erhofft die Veränderung von einem kulturellen Wandel, nicht von der Politik. Man wartet darauf und setzt sich vielleicht auch dafür ein, dass immer mehr Menschen aus eigenem Entschluss Energie bewusster, sorgsamer, sparsamer nutzen. Dann wird das Wohnen, die Mobilität, die Ernährung, der Lebensstil im Gesamten sich darauf einstellen, wird die Übernutzung der Ressourcen einem nachhaltigen Gebrauch Platz machen und der ökologische Fußabdruck des Menschen sich der Tragfähigkeit der natürlichen Systeme wieder annähern. Diese Erwartung stärkt sich an dem Bild, wie aus dem Schneeball der Schneemann wird. Da ist eine Avantgarde, die erkennt, was nötig ist, und tut es. Also beginnen einige damit, zukunftsfähig zu produzieren und zu leben, andere schließen sich an, die Zahlen werden größer, eine Bewegung entsteht und schließlich wird die kritische Masse erreicht, die eine dauerhafte gesellschaftliche Veränderung in Gang setzt.

Nur: Diese Erwartung hat sich bisher nicht erfüllt. Sie wird auch weder von der eigenen Erfahrung noch von soziologischen Befunden gestützt. Die freiwillig Veränderungsbereiten bilden in der Gesellschaft eine Minderheit von 5 bis 10 Prozent, und sie sind vor allem in den sozialen Mittelschichten zu suchen. Jürgen Wittpoth, ein ökologienaher Erwachsenenbildner, hat die Veränderungsbereiten so beschrieben: Veränderungsbereitschaft gehört am ehesten in der sozialen Mittelschicht zum Gebräuchlichen und sozial Anerkannten. Es sind Menschen, die mehr Zugang zu kulturellem als zu ökonomischem Kapital haben, denen luxurierender Konsum als niveauschädigend gilt und für die Unbekanntes, Fremdes und Fernes zur gewünschten Bereicherung des Lebens gehört. Wittpoth spitzt zu: Nicht ihr Verantwortungsbewusstsein zeichnet diese Gruppe aus. Es ist anders: Die Handlungsimpulse ihrer Lebenswelt sind einer umweltgerechten Lebensweise relativ nahe und sind mit ihr vereinbar. [8]

Die Lebensstile in unserer Gesellschaft haben, wie Fritz Reusswig das treffend genannt hat, Patchwork-Charakter.[9] Und zwar auch die Lebensstile derer, die sich für eine nachhaltige Gesellschaft einsetzen. Dabei entstehen Widersprüche zwischen Einsichten und Wünschen und zwischen Wünschen und konkurrierenden Wünschen (etwa zur CO_2-Minderung beizutragen und doch in den Urlaub zu fliegen). Gerade bezüglich der Nachhaltigkeit zeigen dieselben Menschen hier Betroffenheit, dort aber Indifferenz, sind sie beunruhigt aber leicht wieder besänftigt, verändern einiges in ihrem Leben und anderes nicht, sind eifriger bei den leichten Veränderungen als bei den einschneidenden, folgen bisweilen ihrer Einsicht und bisweilen nicht. Jede und jeder kann das an sich selbst beobachten. Die unterlassenen Verhaltensänderungen sind oft diejenigen, mit denen man sich gegen ein Handeln entscheiden müsste, das in der Gesellschaft oder der eigenen Bezugsgruppe bejaht, praktiziert und womöglich auch staatlich unterstützt wird. Deshalb ist die Chance gering, dass ein ökologisch und energetisch verantwortlicher Lebensstil sich allein aus eigener Einsicht durchsetzen wird.

Wer dennoch auf den Wandel einer ganzen Gesellschaft hin zu einer neuen Lebensauffassung setzt, die weniger als heute vom Erwerb und Genuss materieller Güter bestimmt ist, der muss auf eine allmähliche, langsam voranschreitende Veränderung des Denkens und Fühlens hoffen, die sich vielleicht im Wandel der Generationen einstellen wird, aber nicht in der kurzen Zeitspanne, in der die Aufheizung des Klimas beendet werden muss. Wir stehen vor der Aufgabe, in den kommenden vier Jahrzehnten nicht nur die Technologien, sondern auch die Verhaltensregeln einer Gesellschaft zu ändern, und mit ihnen die

8 Wittpoth 1995
9 Reusswig 1994

Bedürfnisse nach Energiedienstleistungen. Neben Energie-Effizienz und dem Wechsel zu Erneuerbaren Energien muss auch das Nicht-in-Anspruch-Nehmen, das Unterlassen, das Vermeiden zu einer Kategorie des Einsparens fossiler Energie werden.

5 | Eine Politik der Energie-Suffizienz ist notwendig und wirksam

Da das von Alleingängen der Produzenten und Konsumenten nur begrenzt zu erwarten ist, muss es durch die Politik erleichtert und soweit nötig bestärkt werden.

- Beispielsweise wird den Menschen die alltägliche Benutzung öffentlicher Verkehrsmittel statt des eigenen Autos *erleichtert,* wenn Bahnen und Busse vorhanden, erschwinglich und benutzerfreundlich getaktet sind.
- Sie wird *bestärkt*, wenn das Autofahren in den Innenstädten z.B. durch Einbahnstraßen, Citymaut, 30 km-Zonen und Umweltzonen erschwert wird, wenn fossile Brennstoffe und Parkplätze verteuert, wenn die Subventionsvorteile des Automobils beseitigt werden.

Die Erleichterung hat einladenden, die Bestärkung fordernden Charakter. Beide sind nötig: Die Erleichterung schafft die geeigneten Voraussetzungen, die Bestärkung zieht die Grenzen fester. Beide Bestandteile einer Politik der Suffizienz werden mehr und mehr auch die Einstellungen der Menschen verändern, neue Gewohnheiten entstehen lassen und sie zu Selbstverständlichkeiten machen.

Bleiben wir noch beim Beispiel Verkehr, bei dem ja ein drastisch verringerter Verbrauch von Energie unentbehrlich sein wird, auch weil der Verkehr selbst im besten Fall noch zwei bis drei Jahrzehnte auf ein erhebliches Quantum fossiler Energie angewiesen sein wird.

Hier wird es entscheidend darum gehen, den Übergang zu Verkehrsmitteln mit geringem Energiebedarf zu erleichtern, seien es Busse und Bahnen, seien es das Zufußgehen und Radfahren, seien es Fahrzeuge mit geringem CO_2-Ausstoß, die im Mittel kleiner und leichter sind als die jetzigen und deshalb auch die Umgewöhnung an Elektrofahrzeuge vorbereiten können. Erleichternd wirkt alles, was die bisherigen Privilegien zu hohen Energieverbrauchs wie das Dienstwagenprivileg und die Kerosinsteuerbefreiung abbaut, was den CO_2-Ausstoß progressiv verteuert wie eine entsprechende Umstellung der Kfz-Steuer, was die Attraktivität schwerer und schneller Fahrzeuge senkt wie das Tempolimit und was die Nachteile alternativer Verkehrsmittel reduziert, sei es durch die erwähnte Erhöhung der Taktfrequenz, durch Ausbau der Fahrradwege, dichte Verteilung von CarSharing- und Mietfahrradstationen u.v.a.

Bestärkend wirkt alles, was die Wählbarkeit klimaschädigender Verkehrsmittel einengt wie die Begrenzung des Flottenverbrauchs, und was den hohen Energieverbrauch (möglichst progressiv) verteuert wie die Ökosteuer (die nach Loske besser Energiesteuer hieße), die Maut, die Abschaffung der Pendlerpauschale, und nicht zuletzt der Emissionshandel bei periodisch abgesenkter Obergrenze, dem Cap. Mit der Begrenzung verteuert der Emissionshandel die Kilowattstunde und regt mit der kontinuierlichen Nötigung zu mehr Energieeffizienz auch zur Verkleinerung der Gefährte und Geräte ein. Entscheidend ist hier, dass alle Unternehmen einbezogen werden (die gegenwärtig allein betroffenen Großunternehmen decken nur 40 Prozent der Emissionen ab), dass die Verschmutzungsrechte zur Gänze kostenpflichtig werden, und dass die Absenkung der Obergrenze nicht auf zu erwartende Einsprüche hin ermäßigt oder ausgesetzt wird.

Neben der Mobilität ist es vor allem die Ernährung, die nach einer Veränderung ruft. Da ist einmal der Fleischverzehr insgesamt, der die Welternährung bedroht, weil die Erzeugung von Fleisch ein Vielfaches an Getreide verschlingt, und dann insbesondere die Massentierhaltung, die durch den CO_2- und Methan-Ausstoß der Tiere das Klima belastet. Wie hoch dieser Ausstoß ist, wie viel Prozent der Treibhausgase er beträgt, darüber gibt es sehr unterschiedliche Schätzungen. Aber auch nach den vorsichtigeren Berechnungen kommt die Klimabelastung durch Massentierhaltung weltweit in eine vergleichbare Beziehung zu dem, was der gesamte Verkehr verursacht. Was Deutschland betrifft, liegt der Fleischverbrauch pro Kopf inzwischen bei 88 kg im Jahr. Es wird nichts helfen: Um die Ernährung der Armen der Welt zu sichern und die Klimagase deutlich zu senken, muss vor allem die Produktion billigen schlechten Fleisches entmutigt werden. Wenn die Tierhaltung generell auf artgerechte Tierzucht verpflichtet wird, entfällt die Massentierhaltung, wenn der ökologische Landbau konsequent gefördert wird und die Exportsubventionen abgebaut werden, ändert sich die Verteilung der Betriebsgrößen, weil große Betriebe nicht mehr bevorzugt und mittlere rentabler werden, und die Produktion von Fleisch, aber auch Milch, Käse und Eiern wird klimafreundlicher. Sie wird auch teurer, weil die Externalisierung von Kosten wegfällt, die die Produkte verbilligt hat, doch diese Annäherung an ethisch vertretbare Preise bestärkt den maßvollen Konsum.

Gewiss wird es dabei nicht ohne Ge- und Verbote gehen, aber diese werden Verhaltensänderungen verpflichtend machen, deren Zumutbarkeit bereits durch erleichternde Maßnahmen soweit möglich erhöht wurde. Wenn etwas als notwendig erkennbar wird und alle trifft entsprechend ihrer Leistungsfähigkeit, dann wird das Notwendige, wenn schon nicht gewollt, so doch deutlich leichter hingenommen.

Unterstützend für die Erkenntnis der Notwendigkeit wird auch wirken, dass der Klimawandel zunehmend Schäden verursacht, auch hier bei uns in den gemäßigten Zonen, weit stärker aber in den Entwicklungsländern, also auch in Indien, China, Brasilien und den andern Ländern, die industriell und im Lebensstil in einer rasanten Entwicklung sind. Gerade sie werden sich klarmachen, dass sie aus aufgeklärtem Eigennutz Klima-Abkommen brauchen. Es wird ja immer deutlicher, dass im Klimawandel die Staaten der Welt ihren Vorteil nur mit den andern Staaten gemeinsam nutzen können, dass es beim Klima keinen langfristigen Vorteil auf Kosten der andern geben kann. Die Entwicklungsländer werden früher als wir vor die schroffe Alternative gestellt sein: Schutz der Lebensgrundlagen oder forciertes Wirtschaftswachstum mit unbegrenztem Energieverbrauch. Und wenn dann in diesen Ländern die Einsicht über die Kurzsicht siegt, wenn sie aus Kopenhagen 2009 und Cancun 2010 gelernt haben, dann werden sie vor uns wissen, dass nur bindende Verträge helfen gegen die Mutual Assured Climate Destruction.

Sie werden diese Verträge suchen, und dann werden die früh industrialisierten Länder zeigen müssen, ob sie ihren fairen Teil zu den Verträgen beitragen wollen und können, nämlich den völligen Verzicht auf Emissionen aus fossilen Energieträgern. Es gibt genügend Indizien dafür, dass schon bald eine sehr viel angespanntere Klimasituation entsteht und eine angespannte Ernährungssituation erst recht. Und es wird sich erweisen, dass die früh industrialisierten Länder die Vertragsbedingungen mit Technologie allein nicht herstellen können. Es ist also klug und ein Akt aufgeklärten Eigennutzes, wenn sie früh genug über das nachdenken, was sie sehr bald zu tun haben werden, um Vertragspartner sein zu können. Eine Politik der Energie-Suffizienz heute zu bedenken, ist Vorsorge, und auch ein Zeichen, das vielleicht schon jetzt Einsicht befördern kann.

Wir sagen das letzte zögernd. Es sind ja nicht nur die Szenarien, die eine schöne neue Welt des Energiereichtums voraussagen. In großen Teilen der deutschen Wirtschaft herrschen mittlerweile ganzjährig Frühlingsgefühle. Gerade die Mobilitäts-Industrie meldet starke Zuwächse im Auto-Export, Fernurlaube werden wieder stärker gebucht, die Fahrgastzahlen im Luftverkehr steigen insgesamt. Das lässt nicht an baldige Einsicht denken. Nur: Was das Klima betrifft, gibt es zur Vorsorge keine vernunftgeleitete Alternative. Zum aufgeklärten Eigennutz gehört, auch in einer Situation kurzlebiger Aufschwünge über das Notwendige nachzudenken. Und notwendig wird sein, nicht nur zu handeln sondern auch zu unterlassen. Oder andersherum: Das Verringern des Energiebedarfs wird zu einem unentbehrlichen Teil des Handelns werden müssen.

Anhang

Liste der Szenarien

1. BMU (2008), Weiterentwicklung der Ausbaustrategie Erneuerbare Energien. Leitstudie 2008. Download <http://www.bmu.de/files/pdfs/allgemein/application/pdf/leitstudie2008.pdf>

2. BMU (2009), Langfristszenarien und Strategien für den Ausbau erneuerbarer Energien in Deutschland Leitszenario 2009. Download <http://www.bmu.de/files/pdfs/allgemein/application/pdf/leitszenario2009_bf.pdf>

3. WWF (2009), Modell Deutschland. Klimaschutz bis 2050. Download <http://www.wwf.de/fileadmin/fm-wwf/pdf_neu/WWF_Modell_Deutschland_Endbericht.pdf>

4. Forschungsstelle für Energiewirtschaft (2009), Energiezukunft 2050. Download <http://www.ffe.de/download/berichte/Endbericht_Energiezukunft_2050_Teil_I.pdf>

5. Greenpeace (2009), Klimaschutz: Plan B 2050. Energiekonzept für Deutschland. Download <http://www.greenpeace.de/fileadmin/gpd/user_upload/themen/klima/Plan_B_2050_lang.pdf>

6. European Climate Foundation (2010), Roadmap 2050. A Practical Guide to a prosperous low-carbon Europe. Download < http://www.roadmap2050.eu/attachments/files/Volume1_fullreport_PressPack.pdf>

7. Umweltbundesamt (2010), 2050:100. Energieziel 2050: 100% Strom aus erneuerbaren Quellen. Download <http://www.umweltdaten.de/publikationen/fpdf-l/3997.pdf>

8. Deutsche Physikalische Gesellschaft (2010), Elektrizität: Schlüssel zu einem nachhaltigen und klimaverträglichen Energiesystem.
   Download <http://www.dpg-physik.de/veroeffentlichung/broschueren/studien/energie_2010.pdf>

9. ewi/gws/prognos (2010), Energieszenarien für ein Energiekonzept der Bundesregierung. Download <http://www.bmu.de/files/pdfs/allgemein/application/pdf/energieszenarien_2010.pdf>

10. EREC (2010), RE-thinking 2050. A 100% Renewable Energy Vision for the European Union. Download <http://www.rethinking2050.eu/fileadmin/documents/ReThinking2050_full_version_final.pdf>

11. PricewaterhouseCoopers (2010), 100% renewable electricity. A roadmap to electricity for Europe and North Africa.
    Download <http://www.pwc.ch/user_content/editor/files/publ_energy/pwc_percent_renewable_electricity.pdf>

12. The Greens/European Free Alliance & Öko-Institut e.V. (2011): The Vision Scenario for the European Union. 2011 Update for the EU-27. Download <http://www.greens-efa.eu/cms/topics/dokbin/368/368667.the_vision_scenario_for_the_european_uni@en.pdf>

13. SRU (2011), Wege zur 100% erneuerbaren Stromversorgung. Download <http://www.umweltrat.de/SharedDocs/Downloads/DE/02_Sondergutachten/2011_Sondergutachten_100Prozent_Erneuerbare.pdf?__blob=publicationFile>

14. WWF (2011), The Energy-Report. 100% Renewable Energy by 2050. Download <http://assets.wwf.ch/downloads/wwf_energy_report_v28jan.pdf>

15. Shell International (2011): Shell Energy Scenarios to 2050: Signals and Signposts, 15. Februar 2011. Download <www-static.shell.com/static/aboutshell/downloads/aboutshell/signals_signposts.pdf>

Was ist eigentlich Suffizienz?

I. Drei Wege zur Nachhaltigkeit

Der Gegenstand dieses Textes wird in der einschlägigen Diskussion in dem Begriff Suffizienz zusammengefasst. Suffizienz gehört zu den zentralen Themen der Nachhaltigkeitsforschung. Diese bedenkt die Zukunftsfähigkeit der menschlichen Gesellschaft in der Regel und mit guten Gründen unter drei Gesichtspunkten: Effizienz, Suffizienz und Konsistenz. Sie lassen sich in Kurzform so kennzeichnen:

- Effizienz richtet sich auf die ergiebigere Nutzung von Materie und Energie, also auf Ressourcenproduktivität.
- Konsistenz richtet sich auf naturverträgliche Technologien, die die Stoffe und die Leistungen der Ökosysteme nutzen ohne sie zu zerstören.
- Suffizienz richtet sich auf einen geringeren Verbrauch von Ressourcen durch eine Verringerung der Nachfrage nach Gütern.

Die genannten Strategien decken das Feld der Nachhaltigkeit nicht vollständig ab. Weil und solange sie auf die ökologischen Parameter konzentriert sind, fehlen ihnen wichtige Dimensionen des sozialen und kulturellen Zusammenlebens. So tragen sie wenig bei zur sozialen Sicherheit, zur Geschlechtergerechtigkeit wie auch zur Funktionsfähigkeit der gesellschaftlichen Institutionen. Aber sie sind zentrale Orientierungen, zumal die Suffizienz, wie noch zu zeigen ist, wichtige Perspektiven des gesellschaftlichen Zusammenhaltes einschließt.

Die zentrale These dieses Textes ist, dass Suffizienz für eine nachhaltige Entwicklung unentbehrlich ist. Das ist nicht unbestritten. Es ist reizvoll, sich zunächst die Einwände gegen Suffizienz anzuschauen.

1 | Einsprüche

Welche Argumente werden ihr entgegengehalten, mit welchen Gefühlen wird sie abgewehrt? Und: Was ist aus den Einwänden zu lernen?

Suffizienz als Erfordernis einer zukunftsfähigen Gesellschaft sei unnötig. Ob es Grenzen der Belastbarkeit der Erde gibt, sei bis heute nicht zweifelsfrei erwiesen. Sie würden vielfach vermutet und vorhergesagt – aber bisher ohne Beweischarakter. Und wenn es Grenzen gibt, so sei heute noch nicht verlässlich vorherzusagen, wann und wo sie erreicht werden. Sollten sie sich zeigen, gelte auch dann: Die Natur ist „ebenso wenig nach den pietistischen Leitbildern Sparsamkeit und Reduktion konstruiert wie die menschliche Kultur".[1] Neue Technologien und Strategien könnten die ökologische Balance schaffen und erhalten.

Als Strategie der Zukunftsfähigkeit sei Suffizienz unzureichend. Mit der Maxime „Weniger ist mehr" sei sie mengenorientiert, möge damit ihren bescheidenen Beitrag zur Nachhaltigkeit leisten, bleibe aber weit hinter der jetzt zu leistenden Aufgabe zurück. Suffizienz (darin den Effizienz-Strategien gleich) wolle nur den Bestand an Naturkapital erhalten und vernachlässige die notwendige Vergrößerung der Naturproduktivität. Der könne nur ein zukunftsfähiges Industriesystem Genüge tun. In ihm gehe es nicht so sehr darum, Material und Energie zu sparen. Viel wichtiger sei es, auf Art und Qualität der Stoffe zu achten und sie nachhaltig zu bewirtschaften. Dazu würden neues Denken und revolutionäre Technologien gebraucht. Suffizienz könne darum die Probleme der ersten industriellen Revolution nur lindern aber nicht lösen. Sie richte sich auf Genügsamkeit und auf Umverteilung und werde von Motiven einer teils romantischen, teils religiösen Modernitätskritik geleitet. Sie wolle sich, teils durch Entsagung, wahrscheinlicher aber durch politisch-ökonomische Zwangsmaßnahmen, in den Grenzen der von der Natur gewährten Pufferzone klein einrichten, statt entschlossen in ein neues Zeitalter der Synthese von Natur und Technik aufzubrechen, das weltweiten Wohlstand möglich mache.

1 Braungart & McDonough 1999, 22

Suffizienz möge wünschenswert sein; aber sie sei ohne Aussicht auf Verwirklichung. Während die bisherigen Einwände von Gegnern der Suffizienz formuliert werden, ist dieser Einwand das beinahe wehmütige Urteil von ihr freundlich Gesonnenen. Es ist zugleich der häufigste und nicht selten mit Emphase vorgetragene Einspruch. Er stützt sich dann auf empirische Untersuchungen zu Milieus und Lebensstilen, deren Befunde als schwer erschütterbar gelten.

Suffizienz, so heißt es dann, sei ein idealistischer Ansatz. Sie plädiere für materielle Bescheidenheit, für eine andere Art von Reichtum in einer mehr geistigen Wertorientierung. Suffizienz dieser Art habe es in Minderheiten immer gegeben, etwa in religiösen Gemeinschaften, in Mönchsorden. Nur: In der Breite der Bevölkerung habe diese „Umwertung der Werte", außer im Falle von Not und großen Katastrophen, keine Chancen – schon gar nicht im globalen Maßstab. Ein Zitat: „Der Vormarsch des Nützlichkeitsdenkens und verweltlichten Glückseligkeitsstrebens […] hält weltweit ungebrochen an. Es könnte wahr sein, dass weniger besser wäre. Wenn aber die große Mehrheit der Menschen auf ihrer gegenwärtigen Entwicklungsstufe nicht daran glaubt, kann man darauf auch keine Politik gründen, jedenfalls keine vernünftige und gewaltfreie Politik."[2] Im Lebensgefühl der großen Mehrheit seien Güter nicht nur um ihrer selbst willen begehrt sondern ebenso als Mittel der Selbstverwirklichung und der sozialen Erkennbarkeit. Sie gewährten die Nähe zu denen, zu denen man gehören möchte, und schafften den erwünschten Abstand von den andern.[3] Sie böten Erlebnis und Genuss und wehrten Langeweile ab.[4] „Die Zentrierung auf lebenslange Berufsarbeit bis zur wohlverdienten Rente, auf die Kleinfamilie und auf einen stetigen Zuwachs an Wohlstand, der sich in Autobesitz und Hauseigentum repräsentiert, gilt als Modell für ein gelingendes ‚gutes' Leben."[5] Diese Abhängigkeit werde gleichzeitig als Freiheit erlebt, während Suffizienz schnell als sozialer Abstieg empfunden und als Aufforderung gedeutet werde, den Gürtel enger zu schnallen.

---

2 Huber 1995, 129
3 Bourdieu 1987
4 Schulze 1992
5 Hildebrandt 2000, 285

Die folgende Darstellung dessen, was ich unter Suffizienz verstehen möchte, soll eine inhaltliche Antwort auf die gerade genannten Bestreitungen geben. Doch zuvor zwei Überlegungen zum Klima der Diskussion:

- Ein wichtiger Grund für die abwertende Beurteilung von Suffizienz ist die verkürzte Wahrnehmung und Deutung dessen, was mit diesem Begriff bezeichnet wird. Suffizienz wird sehr oft mit dem Bedeutungshof Einbuße, Einschränkung, Entsagung, Mangel verbunden. Suffizienz wird so zur Abwesenheit von Wohlleben und Wunscherfüllung und erregt damit bereits vor aller Argumentation Unlust. Und fast immer werden nur die Einzelnen angesprochen, die dann freiwillig sich enthalten, verzichten sollen. An dem verengten Blick der Kritikerinnen und Kritiker sind die Anhänger der Suffizienz nicht schuldlos. „Neue Askese" – das fordere die gegenwärtige Weltsituation von den reichen Ländern, aber auch von jedem einzelnen.[6] Nicht wenige entwerfen in ihrem Überdruss am Überfluss als Alternative ein Bild eher kargen, bedürfnislosen Lebens, kleinräumig, unter dem Himmel hoher moralischer Forderungen gelebt und von Konsumenthaltung geprägt. „Grundsätzlich jeder Kauf muss zu einer spezifisch ethischen Frage werden; jeder Konsumartikel ist ein Mosaiksteinchen in dem Moloch Umweltverschmutzung."[7] Erstaunlich nur: Die Frage nach den wirtschaftlichen und sozialen Folgen einer so strikten Enthaltung wird dabei nicht gestellt. Eine problemadäquate Sicht auf eine globalisierte Wirtschaft ist in solchen Texten kaum zu erkennen. Rigorismen dieser Art mögen mit Nachsicht betrachtet werden oder auch mit Respekt. Aber sie bleiben Positionen in der Nische. Wenn die Befürworter der Suffizienz einen ernsthaften Dialog in und mit der Gesellschaft suchen, werden sie ihre Sache besser begründen müssen.
- Wiederum ist auch die Kritik an der Suffizienz von inneren Widersprüchen nicht frei. Joseph Huber hält sie für probleminadäquat, belegt sie mit Attributen politischer und kultureller Beschränkung,

6 Cramer 1997, 278
7 Schmidbauer 1992, 259

und kann doch, wie oben zitiert, sagen: „Es könnte wahr sein, dass weniger besser wäre.“ Der Frage sei nicht auszuweichen, „wo die Verbrauchsgrenzen liegen, jenseits derer man faktisch auf Kosten anderer lebt“. Warum dann eine so herabsetzende Bewertung der Suffizienz? Erklärlich wird sie, wenn die Kritik nicht nur von Gründen gespeist ist sondern ebenso von Gefühlen der Abneigung. Und so liest sie sich auch. Es ist die ganze Richtung, die nicht passt. Technikvertrauen und Steuerungsoptimismus stehen ihr entgegen. Die Faszination gilt den großen technologischen Durchbrüchen und den weiträumigen Lösungsstrategien. Grenzen anzuerkennen erscheint als Rückschritt. Suffizienz schmeckt nach Provinzialität, auch hat sie einen Arme-Leute-Geruch. Und bestätigt fühlen sich die Suffizienz-Kritiker und -Kritikerinnen dadurch, dass sie die Fähigkeit und den Willen zur Selbstbegrenzung in den wohlhabenden Gesellschaften für gering halten und, sofern überhaupt, nur in langen Zeiträumen für veränderbar erachten.

Diesen Einsprüchen gegenüber halte ich Suffizienz für einen nicht ersetzbaren Bestandteil der Nachhaltigkeit, zusammen mit Effizienz- und Konsistenz-Strategien. Es wird also zu begründen sein, dass eine Entgegensetzung dieser drei Strategien die Nachhaltigkeit gefährdet, und dass eine Rangordnung unter ihnen sachfremd ist. Jede hat ihren eigenen Wert wie auch ihre Grenzen und ihre Schwierigkeiten in der Durchsetzung. Ich gehe davon aus, dass Suffizienz nicht ein letztes Mittel, gewissermaßen ein Notstopfen ist, wenn Konsistenz und Effizienz nicht ausreichen. Ohne diese beiden abwerten oder gar ersetzen zu wollen, lässt sich sagen, dass beide ohne den Beitrag der Suffizienz ihr Ziel gar nicht erreichen können.

Das wird deutlich, wenn Reichweite und Grenzen aller drei Strategien erkennbar werden.

2 | Drei Basisstrategien

Effizienz

Effizienz will das Verhältnis der eingesetzten Ressourcen zu den mit ihnen erzielten Ergebnissen verbessern. Mit dem Prinzip „das Gleiche oder mehr aus weniger“ hat sie sich unter dem Gedanken des Fortschrittes inzwischen als ein „hegemonic principle“ auf nahezu alle Aspekte menschlicher Tätigkeit ausgedehnt.[8] Sie gehört erst recht zur Logik erfolgreichen Wirtschaftens. Effizienz im Zusammenhang der Nachhaltigkeit, also Öko-Effizienz, strebt nach einem geringeren Einsatz von Stoffen und Energie pro Ware oder Dienstleistung und durch die Erhöhung der Ressourcen-Produktivität nach einem geringeren Naturverbrauch. Das geschieht durch verbesserte Technik und Organisation, Wiederverwendung, Abfallvermeidung usw. Als einer der Leitgedanken der Nachhaltigkeit ist Öko-Effizienz inzwischen fest etabliert und wurde zu Zeiten auch vom Wuppertal Institut als „Effizienzrevolution“ überhöht.[9] Weil der Kostenanteil der Ressourcen am Produkt geringer wird, führt oder verführt Öko-Effizienz zum Mehrverbrauch von Produkten und Dienstleistungen, und zwar gerade dann, wenn Effizienz sich als Natur schonendes Verhalten legitimieren kann. Sie hat darum auf dem Weg zur Nachhaltigkeit ein großes Anfangspotential, stößt aber, sobald der Anstieg der Gütermenge und des Energieverbrauchs die Einsparungen übersteigt, an ihre Grenzen.[10]

Zwischen Effizienz und Suffizienz entsteht keine Konkurrenz. Effizienz will die falsche Nutzung der physischen Ressourcen verändern, Suffizienz die falschen Denkansätze. Beide ergänzen sich vielfältig, sind also komplementär, und es gibt gleitende Übergänge, bei denen erst eine effizientere Technik zusammen mit dem ihr entsprechenden Verhalten zum erwünschten Resultat führen. Beispiele sind Raumwärme (erst bauliche Dämmung und besonnenes Lüftungs- und Heiz-Verhalten

---

8 Princen 2003, 42
9 BUND 1997, 188
10 siehe auch „Mobilität und Rebound-Effekt“

zusammen ergeben ein befriedigendes Resultat), Energiesparlampen (für sie ist in einen höheren Anschaffungspreis einzuwilligen) und Auto-Mobilität (ökologische Produktions- und Anschaffungskriterien, Geschwindigkeitsbegrenzungen und eine Energie sparende Fahrweise erbringen zusammen die notwendigen Schadstoff-Reduktionen).

Konsistenz

In Konsistenz-Strategien geht es um die Vereinbarkeit von Natur und Technik. Sie werden auch unter den Begriff „Industrial Ecology" gefasst und richten sich dann auf ein Wirtschaften ganzer Industrien nach dem Vorbild von Ökosystemen.[11] Konsistenz-Strategien versprechen eine neue industrielle Revolution, die zu einer dauerhaften Nachhaltigkeit menschlichen Lebens und Wirtschaftens führen könne. Die Naturentfremdung der gegenwärtigen Industriekultur soll überwunden und in eine tragende Symbiose von Natur und Kultur verwandelt werden – und dies mit den Mitteln der modernen Wissenschaft, Wirtschaft und Technik.[12] Das Prinzip lautet: Industrielle Stoffwechselprozesse dürfen die natürlichen nicht stören. Beide sollen einander möglichst ergänzen oder gar verstärken. Sofern das nicht möglich ist, sollen Natur schädigende Stoffe störsicher in einem eigenen technischen Umlauf geführt oder – wenn das nicht gelingt – ausgemustert werden. Im übrigen gilt: In intelligenten Systemen gibt es keine Abfälle, nur Produkte. Eine Kreislaufwirtschaft ohne Emissionen, wie sie etwa Gunter Pauli vertritt,[13] soll so aufgebaut werden, dass die nächste Stufe der Nutzung gleichwertig mit der vorangegangenen oder sogar höherwertig als sie ist. Dabei ist es weniger wichtig, Energieverbrauch und Materialflüsse zu verringern als sie naturverträglich zu bewirtschaften. Das kann, soweit es nötig ist, auch in großen Quantitäten geschehen und ermöglicht einen Wohlstand auf hohem Konsumniveau.

---

11 Socolow 1994

12 Über Möglichkeiten und Aussichten informieren anschaulich Braungart/McDonough 2003 und fortlaufend das „Journal of Industrial Ecology"

13 The Blue Economy, 2010

Konsistenz-Strategien erfreuen sich großer Zustimmung, weil sie eine Lösung der ökologischen Probleme versprechen, die sich mit dem Erhalt, ja, mit einer Steigerung des materiellen Wohlstandes verbinden lässt. Sie sagen eine Überwindung der erkennbaren Beschädigungen der Natur ohne Einschränkungen oder Einbußen zu. „Wir sehen eine Welt der vielfältigen Möglichkeiten, nicht der Grenzen.“[14] Damit werden sie zu den Hoffnungsträgern einer verunsicherten Industriegesellschaft: Schädliche Emissionen finden ihr Ende, Abfälle werden zu Rohstoffen, Produktion und Konsum geschehen im Einklang mit der Natur – und am Horizont erscheint einer von soviel Armut gedrückten Menschheit der Wohlstand für alle.

Konsistenz-Strategien sind in der Tat ein unverzichtbarer Teil einer zukunftsfähigen Entwicklung. Eine auf acht oder neun Milliarden Menschen anwachsende Weltbevölkerung wird, um überleben zu können, naturverträgliche Technologien benötigen. Solar erzeugter Wasserstoff, um nur ein Beispiel zu nennen, wird weitgehend eine Energieversorgung ohne Schädigung der Atmosphäre ermöglichen. Ähnliches gilt für die Möglichkeiten der Bionik, einer am Vorbild der Natur orientierten und sie nachahmenden Technik, und für das Schaffen und Schließen von Stoffkreisläufen. Soweit ökologische Probleme durch Konsistenz gelöst werden können, hat ein auf Suffizienz gerichtetes Denken keine Veranlassung, den Beitrag der Konsistenz-Strategien zur Nachhaltigkeit zu schmälern, vielmehr alles Interesse, zu ihrem Gelingen beizutragen. Über ihre Grenzen wird in Abschnitt II nachzudenken sein.

Auch das Verhältnis von Konsistenz und Suffizienz ist komplementär. Sie sind aufeinander angewiesen, ohne miteinander zu konkurrieren. Nur Effizienz, Konsistenz und Suffizienz zusammen – das ist die in Abschnitt II zu entfaltende These – werden in den vor uns liegenden Jahrzehnten der Nachhaltigkeit nahe genug kommen.

---

14 Braungart/McDonough 2003, 33

Suffizienz

Angesichts der kontroversen Einschätzung der Suffizienz ist es ratsam, sich zunächst der Wortbedeutung zu vergewissern. Das lateinische sufficere, gebildet aus sub und facere, bedeutet in seiner transitiven Fassung *den Grund legen*, im intransitiven Gebrauch *zu Gebote stehen, hinreichen, genug sein, im Stande sein, vermögen.*[15] Nicht anders ist der Bedeutungshof der englischen Wörter sufficient, sufficiency. Auch hier ist das gemeint, *was die Erwartungen erfüllt, was Befriedigung schafft oder ermöglicht, was genug und was angemessen (adequate) ist.*[16] Mit keiner dieser Bedeutungen kommt Suffizienz in die Nähe des Kargen, des Kümmerlichen, gar des Mangels.

Suffizienz wird im Zusammenhang dieses Aufsatzes als Öko-Suffizienz untersucht. Der Zusatz ist nicht als eine Einschränkung, vielmehr als eine Näherbestimmung des allgemeinen Begriffes zu verstehen. In der Öko-Suffizienz geht es um Schritte, Maßnahmen, Instrumente und Strategien, mit denen Ressourcen eingespart werden können, und zwar dadurch, dass Menschen ihr Verhalten verändern mit der Absicht, Energie und Rohstoffe anders zu nutzen und von ihnen weniger zu verbrauchen als bisher. Eine Ressourcen schonende Lebens- und Wirtschaftsweise ist also das Ziel der Öko-Suffizienz. Weil es dabei um Verhaltensänderungen geht und damit auch um eine veränderte Beziehung zu Gütern und Dienstleistungen, steht Öko-Suffizienz in einem engen Zusammenhang mit dem, was seit der Antike und bis heute als das rechte Maß, als gutes Leben, als Lebenskunst bedacht worden ist. Und es mag durchaus sein, dass die Beweggründe zur Öko-Suffizienz auch aus der Einsicht in die Lebensklugheit jenes antiken Satzes „Von nichts zuviel" kommen, der wohl auf dem Tempel in Delphi zu lesen war. Öko-Suffizienz schließt also die Frage nach dem gelingenden Leben, nach der Lebensqualität ein.

Nicht anders als Suffizienz ist Lebensqualität ein hochkomplexer Begriff, zu dessen Inhalten es unterschiedliche Zugänge gibt, für die

15 Georges, Handwörterbuch; Werner, Lexikon der lateinischen Sprache
16 The Oxford English Dictionary; Ayto, Dictionary of Word Origins

wiederum verschiedenartige Indikatoren benannt werden.[17] Dennoch gibt es ein gemeinsames Grundverständnis. Alle Deutungen gehen davon aus, dass Lebensqualität subjektive und objektive Merkmale hat, dass sie „sowohl materielle wie auch immaterielle, objektive und subjektive, individuelle und kollektive Wohlfahrtskomponenten gleichzeitig umfasst".[18] Was die Elemente der Lebensqualität betrifft, so erlaubt die gelungene Aufteilung in Having – Loving – Being[19] eine Zuordnung der wichtigen Bestandteile. Zum Haben gehören die objektiven Lebensbedingungen wie Nahrung, Kleidung, Wohnung, Bildung, Einkommen, Arbeitsbedingungen, Gesundheit; zum Lieben die soziale Zugehörigkeit, persönliche Beziehungen, soziale Aufgaben; und zum Sein die Selbstverwirklichung, die Möglichkeit und Fähigkeit, sich erreichbare Ziele zu setzen, die Beteiligung an den für das Leben wichtigen Entscheidungen, und für viele sicher auch ein angemessenes Niveau von Alltagskultur und Kunst. Schon hieraus wird erkennbar, wie verfehlt die häufige Gleichsetzung von Lebensstandard und Lebensqualität ist. Ein ausreichender Lebensstandard ist ein Teil der Lebensqualität. Diese aber ist viel umfassender, weil zu ihr so viel mehr gehört als die Güter und finanziellen Möglichkeiten, die den Lebensstandard begründen.

Objektive und subjektive Komponenten sind in komplexen Beziehungen so mit einander verbunden, dass kein Teil ohne den anderen Lebensqualität ergibt. Am deutlichsten wird das an der Grenze zur Armut. Ohne ausreichende Befriedigung der Grundbedürfnisse (Nahrung, Unterkunft, Kleidung) ist von Lebensqualität nicht zu sprechen. Bleibt schon eines der Grundbedürfnisse unerfüllt, entschwindet die Lebensqualität in ihren subjektiven wie in ihren objektiven Bezügen – ein Gesichtspunkt, der für die Gerechtigkeits-Beziehung der Suffizienz wichtig ist.[20]

---

17 Ein Überblick über die Literatur bei www.albanknecht.de/materialien/LitLebenqualitaet.pdf

18 Noll 1997, 3

19 Allhardt bei Glatzer/Zapf 1984, 20 f.

20 dazu Abschnitt II

Der Lebensqualität droht Schädigung freilich auch da, wo das Gleichgewicht der Bedürfnisse zugunsten der materiellen Komponenten verschoben ist, und diese ein Übergewicht erhalten. In den Wohlstandsländern haben die auf Geld und Güter bezogenen Elemente der Lebensqualität in den vergangenen Jahrzehnten mit ihrem wirtschaftlichen Aufstieg ein großes Gewicht erhalten. Die nicht auf Geld bezogenen Dimensionen der Lebensqualität sind den meisten Menschen zwar durchaus vertraut, sie gehören durch lange Tradition zu ihrer kulturellen Ausstattung; nur sind sie oft genug durch die Faszination der Warenwelt wie durch deren aggressive Propagierung verschüttet oder doch in den Hintergrund gedrängt. Der Vorrang des Habens lässt, wie schon Erich Fromm gesehen hat,[21] die Elemente des Liebens und des Seins zu kurz kommen. Es zeigt sich: Lebensstandard und Lebensqualität sind offenbar nur auf einer begrenzten Strecke gleich gerichtet. Manfred Max-Neef hat dazu eine „Threshold Hypothesis“ entwickelt. „For every society there seems to be a period in which economic growth (as conventionally measured) brings about an improvement in the quality of life, but only up to a point – the threshold – beyond which, if there is more economic growth, quality of life may begin to deteriorate.“[22] Noch einmal wird erkennbar: Suffizienz ist kein Mangel-Status, sie schafft und erhält vielmehr die Balance der verschiedenartigen Elemente der Lebensqualität.

Zugänge

Ein Überblick über gegenwärtig diskutierte Deutungen der Suffizienz zeigt, dass die mit ihr gemeinte Sache unterschiedliche Auslegungen erfährt, die wiederum zu unterschiedlichen Folgerungen führen. Es mag darum hilfreich sein, verschiedene Zugänge zur Suffizienz in ihrer Eigenart vorzustellen und dabei zu bedenken, worin sie einander förderlich sind und worin nicht, um so einen Ausgangspunkt für die eigenen Überlegungen zu gewinnen.

---

21 Fromm 1976
22 Max-Neef 1995, 117

Von vielen ihrer Befürworter wird Suffizienz auf den Bereich des persönlichen Lebens konzentriert oder auch begrenzt. Der suffiziente Blick richtet sich dann auf den einzelnen Menschen, und er kann sich dabei noch einmal auf die privaten Haushalte und auf deren Konsum begrenzen. Suffizienz heißt dann ein geringerer Pro-Kopf-Verbrauch von Gütern. Dieser Minderverbrauch wird erwartet von einer Kaufenthaltung, die wiederum als das Ergebnis einer klugen Selbstbeschränkung, einer Orientierung an Genügsamkeit und Bescheidenheit, einer Kultur des Verzichtes gesehen wird.

Soll Suffizienz aus diesem beschränktem Verständnis befreit und zu einem der Leitgedanken zukunftsfähigen Lebens und Wirtschaftens werden, muss sie auf zweifache Weise geöffnet werden: Sie muss die begrenzte Sichtweise auf die Einzelnen und ihren Konsum aufgeben, so dass die gesellschaftlichen Zusammenhänge der Einzelexistenzen und ihrer Entscheidungen erkennbar werden. Und Suffizienz muss sich als ein das Leben und Wirtschaften nicht behinderndes sondern förderndes und optimierendes Prinzip erweisen.

Diesem weiten Verständnis von Suffizienz sind die folgenden Zugänge verpflichtet. Auch sie sagen, dass Suffizienz mit Veränderungen im Lebensstil und im Verständnis von Wohlstand verbunden ist, mit einem Wertewandel also. Aber sie beharren darauf, dass Suffizienz sich in die Breite der Gesellschaft nur vermitteln lässt, wenn die sozialen und die politischen Bedingungen dies ermöglichen. Diese systemische Ausrichtung ist ihr gemeinsames Grundverständnis. Darüber hinaus wählen sie von einander abweichende Zugänge zur Suffizienz. In vielem ergänzen sie sich und verstärken einander, in anderem aber sind sie einander im Wege und führen zu partiellen Unvereinbarkeiten. Das zeigt die folgende Typologie.

- Ein rein pragmatisches Verständnis sieht Suffizienz als ein Ressourcen sparendes Verhalten im Management, beim Kauf und in der Nutzung von Gütern und Energie. Solche Verhaltensänderungen legen sich inzwischen der Einsicht nahe. Sie sind auch kaum mit Belastungen verbunden; denn die Einsparungen bringen entweder finanziellen Gewinn oder aber erfordern nur den Verzicht auf einen begrenzten Zusatznutzen.

- In einem weiteren Sinne richtet sich Suffizienz auch auf Lebensstile und Wertentscheidungen und bezieht die Förderung des Gemeinwohls und den Ausgleich zwischen den heute Privilegierten und den heute Marginalisierten ein. Aber sie enthält keine Aufforderung zur Umverteilung gegenwärtiger Einkommen. Wenn ein Ausgleich möglich werden soll, sieht dieses Verständnis ihn in der Umverteilung zukünftiger Einkommenssteigerungen, so dass die Lebensrechte benachteiligter Bevölkerungsgruppen oder armer Länder durch Neuverteilung zukünftiger Mehrerträge gefördert werden können.

- Ein anderer Zugang zur Suffizienz ergibt sich, wenn nicht die Frage nach den gegenwärtigen Belastungen der Richtpunkt ist, wenn vielmehr nach dem rechten Maß gefragt wird, nach dem, was dem Leben förderlich ist. Das führt zu der These: Eine Lebensbalance ist dann erreichbar, das Leben als ganzes kann dann gelingen, wenn einmal die zukünftigen Bedürfnisse nicht um der gegenwärtigen willen vernachlässigt werden, und wenn ebenso dem Streben nach Güterwohlstand nicht der Zeitwohlstand und der Beziehungswohlstand geopfert werden. Werden diese beiden Bedürfnisse gleichberechtigt, gewinnt Suffizienz eine innere Logik. Sie ist am leichtesten einsehbar für die Einzelleben wie für das Zusammenleben einer Gesellschaft. Sie gilt aber auch für Wirtschaftsunternehmen, weil die Suche nach dem maximalen Gewinn gleich wichtige Ziele unternehmerischen Handelns zurückdrängt.[23]

- Die schon von Alan Durning gestellte Frage „Wieviel ist genug?" kann zu einer gleichmachenden Reglementierung verleiten, aber ebenso die innovativen und produktiven Kräfte wecken, die in und aus Begrenzungen entstehen. Auch das ist ein Zugang zur Suffizienz, dem vorher genannten benachbart. Grenzen werden dann nicht von außen definiert oder von oben verordnet, sie entstehen von innen

23 Abschnitt IV, 2

aus den Erwägungen, was Klugheit nahe legt, was ästhetisch befriedigt, was sich ethisch vertreten lässt, was das Bedürfnis nach Sinn erfüllt, was dem friedensfähigen Zusammenleben dient, was eine Gesellschaft trägt, und was eine Gesellschaft erträgt. Daraus entstehen Wertorientierungen und damit normative Elemente, die sich freilich durch plausible Begründungen legitimieren müssen.

- Suffizienz lässt sich auch als ein Schutzrecht verstehen. Geschützt wird das Bedürfnis, das, was da ist, genug sein zu lassen, und sich dem Drang nach immer mehr und immer Neuem zu entziehen. Suffizienz also nicht als Verzicht, auch nicht als ökologische oder soziale Pflicht, sondern als das Recht, nicht immer mehr haben wollen zu müssen, und damit als ein eigensinniges Potential gelingenden Lebens. Mit dieser Einfriedung der Bedürfnisse wird Suffizienz zugleich eine hoch politische Angelegenheit. Sie widerspricht damit ebenso den herrschenden Vorstellungen vom Wirtschaftswachstum als der Quelle des Wohlstandes, wie sie sich einer obrigkeitlich verschriebenen Bescheidenheit widersetzt. Suffizienz in diesem Verständnis ist zunächst eine Sache der persönlichen Wahl. Zu einer politischen Angelegenheit wird sie, weil sie die Ermöglichung alternativer Formen des Zusammenlebens, des Wirtschaftens und der sozialen Sicherung nicht nur auf den eigenen Entschluss gründet sondern auch zur Aufgabe der staatlichen Instanzen erklärt.

- Schließlich gibt es ein Verständnis von Suffizienz, das die angeratenen Begrenzungen gegenwärtig zwar für kleinmütig und rückwärtsgewandt hält, ihnen aber einen Platz am guten Schluss einer nachhaltigen Entwicklung einräumt, dann, wenn die Konsistenz-Strategien voll entwickelt sind und ihr Gelingen vor aller Augen ist. Das Wirtschaften im Einklang mit der Natur wird sich diesem Verständnis nach schließlich so durchgesetzt haben, dass sich das Genügen gewissermaßen von selbst einstellt. Suffizienz wird dann in der Einsicht bestehen, dass in letzte Grenzen einzuwilligen ist, um den Erfolg des naturanalogen Wirtschaftens und auch den weltweit erworbenen Wohlstand nicht zu gefährden. Weil sie durch so viele Gewinne aufgewogen wird, werden die Menschen Suffizienz klaglos annehmen.

Das diesem Beitrag zugrunde liegende Verständnis nimmt, wie die folgenden Abschnitte zeigen werden, vieles in den gerade besprochenen Ansätzen auf. Es teilt mit ihnen die Erwartung, dass suffizientes Leben und Wirtschaften einen Gewinn an Lebensqualität erbringen wird. Aber es unterscheidet sich von den dargestellten Zugängen in zwei Punkten: Einmal kann es die Erwartung nicht teilen, dass Suffizienz erst der Schlussstein einer vor allem technologischen Entwicklung ist und angesichts der dann erreichten Fülle sich von selbst einstellen wird. Es kann ebenso wenig den Ausgleich zwischen dem wohlhabenden und dem Not leitenden Teil der Menschheit auf zukünftige Steigerungen des heutigen Wohlstandes verschieben. Suffizienz wird in diesem Text verstanden als Teil eines schon unserer Generation gestellten politischen und persönlichen Auftrages, die Übernutzung der Natur zu beenden und für eine gerechtere Verteilung der Lebenschancen einzutreten. Sich für beides wirksam einzusetzen, liegt in der Möglichkeit der heute Lebenden. Und beides bedeutet, dass zusammen mit allen Befreiungen und Lebensermöglichungen, die Suffizienz bereit hält, zu ihr auch Elemente der Selbstbeschränkung wie der Umverteilung gehören, und zwar als Schritte auf einem Wege, auf dem die wohlhabenden Gesellschaften und in ihnen die Körperschaften und die Einzelnen ihren Ressourcenverbrauch in Übereinstimmung bringen mit den Bedürfnissen der ganzen Menschheit, also nur so viel Natur und Güter in Anspruch nehmen, dass die natürlichen Lebensgrundlagen geschützt und eine nachhaltige Entwicklung der jetzt Benachteiligten ermöglicht wird.

Ein solches Verständnis der Suffizienz übernimmt eine erschwerte Aufgabe, die sich andere Zugänge dadurch ersparen, dass sie die in der Suffizienz enthaltenen Herausforderungen ermäßigen oder vertagen. Als Frage formuliert heißt diese Aufgabe: Wie kann in einer Gesellschaft, in der das gute Leben so sehr mit einer Steigerung des materiellen Wohlstandes und Konsums verbunden wird, Suffizienz davor bewahrt bleiben, als Lebensminderung empfunden zu werden, und stattdessen als eine Möglichkeit gelingenden Lebens erscheinen? Auch dieser Frage wird der Beitrag nachgehen.

II. Warum Suffizienz unentbehrlich ist

In der Nachhaltigkeits-Diskussion gibt es eine weite Übereinstimmung darin, dass die gegenwärtige Lebens- und Wirtschaftsweise der Industrieländer schon in sich die natürlichen Lebensgrundlagen der Erde schädigt und darum erst recht nicht auf die gesamte Menschheit übertragbar ist. Während Effizienz und Konsistenz als Nachhaltigkeits-Strategien auf ungeteilte Zustimmung rechnen können, erhält Suffizienz sowohl Zustimmung als auch Ablehnung. Ihr Grundgedanke, dass zur Entlastung der Natur auch eine Begrenzung der Ansprüche an die Nutzung von Stoffen und Energie gehört, wird von den einen als eine Befreiung erlebt, von anderen als unnötig oder unzureichend beurteilt und als dem dringend herbei gewünschten Wirtschaftswachstum abträglich bewertet. Angesichts dieses Streites braucht Suffizienz eine überzeugende Begründung.

Sie lautet zusammengefasst: *Ökologische Nachhaltigkeit als Bewahrung der natürlichen Lebensgrundlagen ist in den entscheidenden Jahrzehnten vor uns mit Ressourcen-Effizienz und der Aussicht auf Konsistenz-Strategien allein nicht zu erreichen. Beide werden erst im Zusammenwirken mit Suffizienz die beabsichtigte Wirkung erzielen. Soziale Nachhaltigkeit als das friedensfähige Zusammenleben einer weiter wachsenden Menschheit wird nicht zu Stande kommen ohne ausgeglichenere Entwicklungschancen zwischen den Armen und den Wohlhabenden und zwischen den Nationen, in denen sie leben. Das schließt eine geringere Inanspruchnahme von Ressourcen durch die Industrieländer ein.*

Dieses Urteil ist im Folgenden zu entfalten.

1 | Zur Tragfähigkeit der ökologischen Systeme

Die Tragekapazität der ökologischen Systeme, ihre Carrying Capacity, wird bestimmt und begrenzt von der Fähigkeit der Natur, sich Zivilisationssystemen anzupassen und Störungen auszugleichen. Diese Tragekapazität ist keine feste Größe, vielmehr ein sich ständig neu einstellendes Fließgleichgewicht. Je nach Art und Intensität der Nutzung der natürlichen Ressourcen, der eingesetzten Technologien, der Weisen des Produzierens und Konsumierens ist sie in einem gewissen Umfang auch erweiterbar. Aber sie ist endlich, und ihre Fähigkeit, sich auf Veränderungen einzustellen, ist an eigene Zeitrhythmen gebunden. Auch, wenn die gegenwärtig erkennbaren Belastungsgrenzen nur für wenige Stoffe einigermaßen sicher ermittelt bzw. ermittelbar sind, gibt es doch aussagekräftige Indikatoren, die zu großer Vorsicht raten lassen. Die beiden stärksten sind das Klima und die Ernährung. Sie wirken beide aufeinander ein und sind in ihrer Bedeutung für die ökologischen Systeme am intensivsten erforscht wie auch am stärksten diskutiert. Unbeschadet unterschiedlicher Einschätzungen im Einzelnen besteht bei nur wenigen Ausnahmen Einigkeit, dass sie die Grenze ihrer Belastbarkeit schon erreicht haben oder in kurzer Zeit erreichen werden.

Es sind also teils erkennbare Grenzen, die die Notwendigkeit einer Selbstbeschränkung in den Industrieländern begründen, teils lässt Vorsorge zu ihr raten. Suffizienz-Strategien sind Vorsorge-Handeln auf Grund erkennbarer Anfänge von Schädigungen und spürbarer Anzeichen zukünftiger großer Gefahren. Dies um so mehr, als nicht nur die linearen Zuwächse in der Inanspruchnahme von Ressourcen wie bezüglich der anwachsenden Schäden zu bedenken sind sondern auch kumulative Entwicklungen. „Nichtlineare Effekte und komplexe Wechselwirkungen können in der Natur zu Effekten führen, die um ein Vielfaches oberhalb dessen liegen, was ‚erwartet' werden konnte."[24]

2 | Konsistenz-Strategien können Suffizienz nicht überflüssig machen

Dabei stellen sich zwei Fragen. Sie beziehen sich nicht auf die Bedeutung und den Nutzen, wohl aber auf die Grenzen der Konsistenz-Technologien: Sind sie wirklich eine umfassende Lösung der ökologischen Gefährdungen? Und: Berechtigen sie zur Hoffnung auf mehr

24 So schon die Gemeinsame Erklärung 2002

ausgleichende Gerechtigkeit und einen alle Menschen erreichenden Wohlstand?

Was die ökologische Reichweite betrifft, so sind, mit Ausnahme der Solar-Energie, die grundlegenden Konsistenz-Technologien Projekte auf Zukunft. Sie existieren entweder erst als Pilotprojekte, oder sie sind Erwartungen, die nach dem Stand des gegenwärtigen Wissens lange Planungszeiten vor sich haben und damit für die ökologisch entscheidenden Jahrzehnte vor uns voraussichtlich nur eine begrenzte Wirkung erzielen werden. Wenn Joseph Huber formuliert, das Grundproblem liege nicht darin, exemplarisch gesprochen, den Gebrauch von Kohle und Öl zu rationieren (Suffizienz) oder zu rationalisieren (Effizienz), sondern ihren Gebrauch zu erübrigen durch Übergang zu einer anderen Energiebasis, so ist dieses Ziel allen Verständigen gemeinsam und ohnehin unausweichlich, weil beide Energieformen endlich sind. Aber auf dem Wege dorthin sind Effizienz und Suffizienz unentbehrlich. Niemand weiß ja, ob sich alle Erwartungen, die sich mit den Konsistenz-Technologien verbinden, auch erfüllen werden, ob sie so wirksam sind wie erhofft, ob sie wirklich so frei von Nebenwirkungen und Gefahren sind, wie ihre Protagonisten voraussagen. In der Tat ist zu hoffen, dass durch erneuerbare Energien und durch Wieder- oder Neuverwertung von Rückständen die energetische und stoffliche Basis der Produktion weit gestreckt werden kann. Aber auch Konsistenz-Technologien haben eine materielle Basis. Auch wenn, um ein Beispiel zu nennen, Automobile mit Brennstoffzellen fahren, die selbst die Atmosphäre nicht belasten, so brauchen und verbrauchen sie doch Flächen, Infrastrukturen, begrenzt verfügbare Materialien. Auch die Brennstoffzelle muss hergestellt und entsorgt, auch der Wasserstoff muss bevorratet und transportiert werden. Nicht alle Abfälle können zu Rohstoffen neuer Produkte werden. Es sind ja gerade natürliche Stoffe wie Kohlendioxid oder aber Gülle, die in hohen Quantitäten ökologische Probleme verursachen.[25] Und die Informationstechnologien haben bisher nicht zu einem geringeren sondern zu einem gesteigerten Verbrauch an Materie und Energie geführt, wie auch die

25 Bringezu 2004

vorhergesagten Einsparungen, die dadurch an Transport, Reisen, Berufsverkehr, Papierverbrauch etc. möglich werden sollen, sich ins Gegenteil verkehrt haben.

Es kann in der Wirtschaft wie in den Lebensvollzügen keine vollständige Unschädlichkeit der Eingriffe in die Natur geben, und es sind auch keine vollständig geschlossenen Kreisläufe vorstellbar. Auch bei Konsistenz-Strategien wird Materie aufgebraucht, werden Schadstoffe emittiert, werden Mengenprobleme entstehen. Und selbst wenn eine störungsfreie Symbiose zwischen Mensch und Natur prinzipiell denkbar wäre, gibt es keinen Anhalt für die Erwartung, dass davon in der vorhersehbaren Zeit so viel zu verwirklichen ist, dass Konsistenz-Strategien allein die ökologische Balance herstellen können. Und: Was inzwischen an politischen und sozialen Verwerfungen entsteht, kann ohnehin durch technische Innovationen nicht geheilt werden. Jedenfalls: Auf eine so weit voraus liegende und so ungewisse Zukunft hin die gegenwärtige Verschwendungswirtschaft fortzusetzen und sehenden Auges die ökologischen Schäden zu vergrößern statt in eine kluge Begrenzung der Naturnutzung einzutreten, das setzt eine Risikobereitschaft voraus, die nicht besonnen genannt werden kann. Es ist nicht ihr innovativer Geist, es ist ihr eindimensionales Vertrauen in die heilenden Kräfte der Technik, und es ist ihr Anspruch auf Alleingeltung, die gegenüber den Versprechungen der Konsistenz-Strategien zurückhaltend macht.

Noch aus einem anderen Grund werden Konsistenz-Strategien einen zwar bedeutenden aber begrenzten Beitrag zur Lösung der Probleme des 21. Jahrhunderts leisten können. Eben die Antriebskräfte, die die moderne Industriekultur zu Wege gebracht haben, und die mit dem Erfolg zugleich so viel zur gegenwärtigen Gefährdung des ökologischen Gleichgewichtes beigetragen haben, nämlich Wissenschaft und Technik, sollen nun auch die Retter dieser Kultur werden. Ihr Beitrag ist unentbehrlich. Wenn ihnen aber kein sie begrenzendes und steuerndes Prinzip zur Seite gestellt wird, wenn Konsistenz ohne Suffizienz auszukommen glaubt, werden nur zu leicht mit den neuen Problemlösungen zugleich die alten Gefährdungen wiederkehren. Hinzu kommt, dass Konsistenz-Technologien, wie etwa die Erzeugung von solarem bzw. regenerativem Wasserstoff, wenn sie die benötigten Mengen erbringen sollen, zumeist auf großtechnische Verfahren angewiesen sind, in jedem Fall jedoch einen hohen Kapital-Einsatz erfordern. Wenn aber das Kapital über ihren Einsatz entscheidet, wird ihre wirtschaftliche Nutzung kaum einen bedeutenden Beitrag zum Ausgleich der sozialen Chancen leisten. Und wenn die Ungleichheit fortbesteht – wie soll dann die zweite technische Revolution *aus sich heraus* den weltweiten Wohlstand herbeiführen, den die erste nicht zu Stande gebracht hat? Wird sie nicht die Kluft zwischen Habenden und Habenichtsen und damit die latente Friedlosigkeit noch einmal vertiefen?

3 | Ressourcenverbrauch und Gerechtigkeit

Lange Zeit galt die Suche nach mehr Gerechtigkeit zwischen Industrie- und Entwicklungsländern als ein relativ unstrittiges Thema. Die Minderung der sozialen Ungleichheiten wurde von einer besseren Verteilung des in Produktion und Welthandel erzielten Mehrwertes erhofft. Unter der Annahme, eine sich stetig ausweitende Weltwirtschaft werde die natürlichen Lebensgrundlagen nicht beschädigen, ließ sich eine ausgleichende Gerechtigkeit als nachrangige Aufgabe verstehen und in der Hoffnung, dass wachsender Wohlstand am Ende allen zugute kommt, in die Zukunft verschieben: Wenn die Flut kommt, steigen alle Boote. Jetzt ist erkennbar, dass in dem System Erde wachsender Ressourcenverbrauch mit schweren Gefährdungen und Schäden für alle zu bezahlen ist. Ein Ausgleich zwischen Norden und Süden lässt sich darum nicht mehr auf später vertagen. Wenn es nicht ratsam ist, alle Problem-Lösungen den fernen Konsistenz-Technologien anzuvertrauen oder auch anzulasten, wenn die Menschheit insgesamt Grenzen der Naturnutzung einhalten muss, dann eröffnet erst die Selbstbegrenzung in den Wohlstandsländern den Ländern im Süden eine naturverträgliche Entwicklung.

Diese Selbstbegrenzung sucht nicht die Gleichheit der Lebensweisen und Lebensumstände, sondern die Überwindung einer Leben zerstörenden Ungleichheit zwischen der wohlhabenden Minderheit und der benachteiligten Mehrheit in der Welt. Zu fragen ist darum: Wann sind unterschiedliche Ressourcen-Verbräuche ungerecht? Dann, wenn der Vorteil des einen zu Lasten des andern geht, wenn das, was die einen zu viel verbrauchen, den andern die Zukunft verstellt. „Gerechtigkeitsvorstellungen haben ihre größte Bedeutung darin, dass auf diese Weise *offensichtliches Unrecht* ausgemacht wird, worüber man sich rational verständigen kann."[26] Auch ein zentraler Gedanke in der Theorie der Gerechtigkeit von John Rawls stützt diese Einsicht. Ihm zufolge stehen Ungleichheiten der Gerechtigkeit nicht im Wege, sofern sie in der bestehenden Situation den am wenigsten Begünstigten den größtmöglichen Vorteil bringen. Die Verteilung der Güter muss, wenn die Bedingungen für die volle Verwirklichung der Gerechtigkeitsgrundsätze nicht gegeben sind, nicht gleichmäßig sein, wohl aber muss sie zum Vorteil jedes Beteiligten führen.[27] Das heißt in der Umkehrung: Der Vorteil der wohlhabenden Minderheit in der Welt darf nicht zum Nachteil der bedürftigen Mehrheit werden. Das aber ist gegenwärtig der Fall.

Für den überwiegenden Teil der ökologischen Belastungen sind immer noch die Industrieländer verantwortlich. Am stärksten betroffen werden dagegen die armen Bevölkerungen in den tropischen und subtropischen Ländern: durch Überflutung oder aber durch Wassermangel, durch Zunahme der trockenen oder halbtrockenen Böden, durch Schädlingsbefall und Zunahme von Krankheiten. Bei weiterem Temperaturanstieg ist die Ernährungssicherheit in den warmen Ländern am frühesten bedroht. Und für den Verbrauch nicht erneuerbarer Ressourcen gilt: Das wohlhabende knappe Drittel der Weltbevölkerung wird nicht weiterhin mehr als die Hälfte der Umweltgüter in Anspruch nehmen können. Denn was die Wohlhabenden zu viel verbrauchen und was darum die Preise steigen lässt, schränkt den Anteil der Armen

26 Sen 2000, 340
27 1998, 336

ein. Natürlich gibt es auch selbst verursachte Ursachen der Unterentwicklung, von politischen Fehlentwicklungen in Staaten des Südens bis zu ihrem eigenen Raubbau an der Natur. Nicht für alles sind die Industrieländer verantwortlich. Aber für ihren Beitrag zur Asymmetrie des Ressourcenverbrauches müssen sie einstehen.

4 | Gerechtigkeit ist das ureigene Interesse der Reichen

Einen fairen Ausgleich zu suchen dient dem wohlverstandenen Eigennutzen der Wohlhabenden in einer Welt, in der die gegenseitige Abhängigkeit schnell wächst, in der eine neue Verwundbarkeit des Nordens durch den Süden entstanden ist, in der die Bedrohungen durch Klimaveränderungen, Terrorismus und Massenflucht auch und gerade die reichen Länder ereilen. Es entsteht eine Situation, in der immer mehr des eigenen Nutzens nur noch als gemeinsamer Vorteil aller zu erzielen ist, und in der die Inanspruchnahme der Ressourcen zu Lasten anderer immer stärker als Ungerechtigkeit empfunden wird. In einer solchen Welt ist ein friedensfähiges Zusammenleben nicht ohne ein Mindestmaß an gerechter Verteilung von Gewinnen und Lasten zu erwarten. Natürlich entstehen Konflikte auch aus Ursachen, die mit Nachhaltigkeit nichts zu tun haben. Andere aber haben ihre Ursache sehr wohl in Ungleichheit, und sie werden voraussichtlich in der Zukunft häufiger als bisher entstehen, wenn es z.B. um den Zugang zu Wasser oder zum Öl geht oder um ausreichende Ernährung. Ein suffizienter Verbrauch von erschöpflicher Energie und industriell benötigter Materie ist darum ein wichtiger Beitrag zur Konfliktvermeidung.

5 | Noch einmal: Alle drei Wege sind unverzichtbar

Alle drei Wege zur Nachhaltigkeit haben ihre je eigene Bedeutung wie ihre je eigenen Grenzen. Sie sind so unverzichtbar wie sie unersetzbar sind. *Effizienz* ist eine ökologische Basisstrategie mit hohem Anfangspotential und dauerhafter Bedeutung; es wird niemals darauf zu verzichten sein, Stoffe und Energie so wirksam wie möglich zu nutzen. Effizienz allein kann aber den zunehmenden Bedarf nicht befriedigen und die wachsenden Belastungen der Natur nicht neutralisieren. *Suffizienz* ist zunächst, ebenso wie Effizienz, eine gegenwärtig unentbehrliche Strategie zum sorgsamen Umgang mit den natürlichen Lebensgrundlagen. Während Effizienz den rationalen Gebrauch der Ressourcen sichert, steht Suffizienz für ihren sparsamen Verbrauch. In diesem Bezug sind beide eine notwendige wenngleich nicht hinreichende Bedingung der Nachhaltigkeit. Hinreichend wird sie erst, wenn *Konsistenz* hinzutritt. Konsistenz-Strategien ermöglichen ein naturverträgliches Wirtschaften und sind darum für den Fortbestand einer weiter wachsenden Menschheit unentbehrlich. Da sie aber erst zum kleinen Teil verwirklicht sind und zum weit größeren Teil in Aussicht stehen oder erhofft werden, stellt Konsistenz einen Wechsel auf zukünftiges Gelingen aus ohne Gewähr, wie weit und zu welchen Bedingungen er einlösbar ist. Aber auch dann, wenn sich eines Tages die mit Konsistenz verbundenen Erwartungen erfüllen, verlieren Effizienz und Suffizienz ihre Bedeutung nicht. Denn acht oder zehn Milliarden Menschen werden mit den begrenzten Ökosystemen, auf deren Dienste sie angewiesen sind, sparsam umgehen und sie gerecht verteilen müssen. Und dafür ist neben Effizienz vor allem Suffizienz nötig als die Frage nach dem, was genug ist, nach dem, was gut tut, nach dem Ausgleich der Chancen und mit all dem nach einem gelingenden Leben. Suffizienz bleibt eine Richtungskonstante der Nachhaltigkeit und wird ihre Bedeutung nicht verlieren.

Diese Einsicht ist freilich nicht erzwingbar. Es ist möglich, sich eine unerschütterliche Hoffnung auf ein fortwährendes Wachstum und ein Vertrauen auf immer neue technologische Möglichkeiten für immer mehr Menschen zu bewahren, sich auf den Erfindungsreichtum des menschlichen Geistes zu verlassen und auf seine Fähigkeit, die Probleme, die er sich schafft, auch technisch zu lösen. Es ist möglich, die Indizien zunehmender Gefährdung, die Anzeichen erreichter Grenzen für überwindbare Wachstumskrisen zu halten. Dann gelten Selbstbegrenzung und Genügen als Defätismus, als provinziell, als rückwärts gewandt. Auch wer glauben kann, eine Überanstrengung der natürlichen Systeme sei noch weit entfernt, der oder die werden von der

Notwendigkeit der Suffizienz nicht zu überzeugen sein. Darum wird Suffizienz auch zum Feld eines notwendigen politischen Streites.

III. Ansätze

1 | Was die Einzelnen tun können

Unter den Anwälten der Suffizienz gibt es, wie manche Kampagnen und die breite appellative Literatur zeigen, eine Neigung, vor allem und zuweilen auch ausschließlich die einzelnen Personen anzusprechen und von ihrer besseren Einsicht und dem ihr entsprechenden Verhalten den Aufbau einer zukunftsfähiger Gesellschaft zu erwarten. Das ist eine gefährliche Verengung, weil damit den Einzelnen mehr aufgelastet wird, als sie tragen können. Denn dabei wird die soziale Einbettung der persönlichen Verhaltensweisen und in ihnen der Kaufentscheidungen übersehen. Nur wenige Menschen treffen gerade im Konsum autonome Entscheidungen. Die allermeisten sind von den sie prägenden Herkünften und Gewohnheiten, von sozialen und medialen Einflüssen bestimmt, und alle sind von dem begrenzt, was ihnen angeboten wird, und woraus sie auswählen können. Es hat keinen Sinn ihnen aufzubürden, wozu die bestimmenden Kräfte der Gesellschaft, und wozu Wirtschaft und Politik nicht bereit sind. Veränderungsbemühungen, die nur in der Privatsphäre ansetzen, bleiben nach einem schönen Wort von Gerhard Scherhorn anekdotisch, ja, sie können zur Abstumpfung beitragen. Zu leicht wird dann die Aufforderung sich zu verändern als eine doppelte Überforderung erlebt: Einmal erfahren die Einzelnen ja ständig, wie abhängig sie von vorgegebenen Verhältnissen sind, wie begrenzt die faktischen Wahlmöglichkeiten und der finanzielle Spielraum sind. Und für ebenso begrenzt halten sie ihre Einwirkungsmöglichkeiten auf das politische und ökonomische Geschehen. Nicht umsonst heißt eines der häufigen Argumente, mit dem sich Menschen den Anmutungen zur Suffizienz entziehen: Ich kann ja doch nichts ausrichten. Selbst wenn ich mich ändere, ändert sich nichts.

Die entscheidende Frage ist darum: Wer kann was tun? Wie wirken die für gesellschaftliche Veränderungen benötigten Kräfte zusammen, wie können sie strategische Allianzen bilden, damit sich in größeren Teilen der Gesellschaft ein Wille zu suffizientem Handeln bilden kann? Und hier kommt nun doch wieder die Schrittmacher-Rolle von Einzelnen und von Gruppen ins Spiel. Ihr Handeln ist allein gewiss unzureichend; dennoch ist es unentbehrlich. Ihr Pionier-Potential, also ihre Einsicht und ihre Bereitschaft zum Handeln, ist wohl die wichtigste Startbedingung sozialen Wandels. In pluralistischen Gesellschaften kommt wenig mit größerer Wirkung in Gang, wenn es nicht von Einzelnen, von voraus denkenden Forschungseinrichtungen und von Organisationen der Zivilgesellschaft angestoßen wird, und wenn es nicht von ihnen getragen und hartnäckig vertreten wird. Sie werden dabei von der Einsicht geleitet sein, dass die wichtigen und folgenreichen Suffizienz-Schritte auf ein Umsteuern der Wirtschaft und ein Eingreifen des Staates angewiesen sind, dass sich also die Bemühungen darauf richten müssen, diese Mitspieler für Suffizienz zu gewinnen oder sie ihnen abzunötigen.

2 | Produktions-Entscheidungen

Die Wirtschaftsunternehmen geben mit ihren Produktionsentscheidungen in einem hohen Maße vor, was Konsumenten kaufen können, was also im Konsum an Suffizienz-Orientierung möglich ist oder aber ihr zuwiderläuft. Was die Produzenten an Gütern und Dienstleistungen auf den Markt bringen, befriedigt keineswegs nur bestehende Bedürfnisse, es *schafft* Bedürfnisse, indem immer neu ressourcenintensive Waren und Dienstleistungen angeboten werden, die es vorher nicht gab, die aber nun, seit es sie gibt, als ein Erfordernis empfunden und als Anspruch geltend gemacht werden. Beispiele sind Stand-by-Funktionen, Billigflüge, Air Conditioning, aber auch die Tendenzen zur Kommerzialisierung der Erlebniswelt, etwa des Outfits im Sport.

Wie können Produktions-Entscheidungen zu Stande kommen, die Suffizienz fördern? Einmal dadurch, dass Käufer bestimmte Waren nicht mehr kaufen und andere Waren suchen oder auf den Kauf verzichten, und dass sie, um ihren Entscheidungen Nachdruck zu geben, sich zu gemeinsamem Handeln zusammen schließen, etwa in einer Kampagne; aber auch und vor allem dadurch, dass sich in der Wirtschaft selbst die Einsicht durchsetzt, dass ein Streben nach maximaler Rendite auf Kosten der natürlichen Lebensgrundlagen und der sozialen Einbettung die längerfristigen Interessen des eigenen Unternehmens beschädigt, und dass in einem sich wandelnden kulturellen Klima die größere Zukunftsfähigkeit der Produkte, die Beteiligung der Mitarbeiter, das gesellschaftliche Ansehen der Firma, die Anhänglichkeit von Kunden auf die Dauer gesehen Wettbewerbsvorteile sein können.[28] Allerdings: Wie nicht allein von den einzelnen Verbrauchern erwartet werden kann, was die Gesellschaft als ganze zu leisten hat, so kann nicht den einzelnen Unternehmen auferlegt werden, was die Wirtschaft als ganze erbringen muss. Eine solche Einsicht führt unmittelbar zur politischen Dimension der Suffizienz.

Eine Grundfrage entsteht: Wie reformfähig ist der Kapitalismus? Das Suffizienz-Denken enthält ja einen Angriff auf die kapitalistische Logik. In den ökologischen Risiken begegnet dieses Wirtschaftssystem den destruktiven Folgen seines Erfolges. „Die gegenwärtige Krise ist keine vorübergehende Unterbrechung des Wirtschaftswachstums, sondern dessen Ergebnis.“ Es mag sein, dass André Gorz mit diesem vor drei Jahrzehnten geschriebenen Urteil mehr Recht behält, als seine eigene Deutung der Krise (Automation, Arbeitslosigkeit) schon zu erkennen gibt.[29] Kann der Kapitalismus in ausreichendem Maße Elemente und Instrumente der Selbstkorrektur entwickeln, die ihn vor der Naturzerstörung und damit der Selbstzerstörung bewahren? Nur wenn sich die ökonomischen Interessen mit der Überwindung der ökologischen Bedrohung wie der sozialen Verelendung weiter Teile der Menschheit verbinden lassen, nur wenn sich die weltwirtschaftlichen Akteure in der Gewinn-Erwartung auf das ökologisch und sozial Zuträgliche zurücknehmen können, kann die kapitalistische Marktwirtschaft Bestand haben. Effizienz-Strategien allein können dieses Wirtschafts-

---

28 Dyllik 2003
29 1983, 17

system nicht stützen; denn sie enthalten in sich keinen Schutz gegen den höheren Gesamtverbrauch eines auf Wachstum gerichteten Wirtschaftens. Ob Konsistenz-Strategien tatsächlich die ökologische Ausrichtung der Wirtschaft herbeiführen, und ob sie zu mehr Gerechtigkeit beitragen, hängt nicht von der Technologie sondern von ihren Anwendern ab. Da sie aber aus den in Abschnitt II.2 besprochenen Gründen *allein* die Naturverträglichkeit des Wirtschaftens nicht erreichen werden, könnten paradoxerweise das Suffizienz-Denken und die zu ihm gehörenden Strategien zur Lebensfähigkeit des kapitalistischen Wirtschaftssystems beitragen.

3 | Eine Politik der Suffizienz[30]

Eine Politik der Suffizienz kommt zu Stande, wenn die aktiven Kräfte einer Gesellschaft und die staatlichen Instanzen gemeinsam (kooperativ oder konsekutiv) handeln. Der Staat hat hierbei freilich selten genug einen einheitlichen Willen. Alle Eingriffe in Wirtschaft und Leben stoßen auf starke Interessen. Sie werden sich gegen den Widerstand der Betroffenen nur durchsetzen lassen, wenn eine anhaltende öffentliche Diskussion erzeugt wird, und wenn diese Diskussion die politischen Institutionen (Parlamente, Parteien, Regierungen, Behörden, Bildungsträger, Verbände) erreicht, so dass schließlich eine Mehrheit der Bevölkerung für die notwendigen Maßnahmen zu gewinnen ist oder sie sich doch gefallen lässt. Suffizientes Verhalten ist also nicht nur das, was Menschen kraft Einsicht oder Gewohnheit selber tun oder unterlassen, vielmehr gerade auch das, was sie als für alle verbindlich hinnehmen. Diese wachsende Anerkenntnis dessen, was zu tun oder was zu ertragen ist, entsteht in einem komplexen Prozess aus der Einsicht in die Notwendigkeit, dem beharrlichem Geltendmachen des Problems, der Meinungsführerschaft gesellschaftlicher Gruppen, und sie wird vorangebracht durch öffentliche Aktionen und mediale Präsenz des Themas.

30 Sie ist explizit Gegenstand der beiden ersten Arbeiten in diesem Band. Hier muss ein Hinweis genügen

IV. Beweggründe und Lernsituationen

Dass sich die wohlhabenden Gesellschaften in ihrem Ressourcenverbrauch wie in ihrem Streben nach Steigerung ihres materiellen Wohlstandes begrenzen müssen, mag im Grundsatz eingesehen und dann doch beiseite geschoben werden. Warum sollten Menschen ihre Wünsche nach materiellem Luxus, Status-Gütern, unbegrenzter Mobilität, größeren Wohnungen, extensiven Freizeittätigkeiten, reichem Essen und Trinken und großen Reisen begrenzen? Warum sollten Interessenverbände, Parteien, Regierungen diese Wünsche nicht mehr bedienen wollen, um so ihre Wähler oder Klienten zufrieden zu stellen? Einsicht in die Notwendigkeit allein ist für die meisten Menschen noch kein starkes Motiv zum Handeln. Welche Beweggründe lassen sich dann für Suffizienz entdecken, und wie sind sie einleuchtend zu machen? Was sind aussichtsreiche Lernsituationen, in denen Menschen für neue Einsichten bereit werden? Diesen Fragen geht der folgende Abschnitt nach.

1 | Das Gewinn-Motiv

Ein starkes Motiv für suffizientes Handeln ist die Erwartung eines mit ihm verbundenen Gewinnes, eines dadurch erzielten Nutzens. Es lässt sich zeigen, dass auch die übrigen für Suffizienz angeführten Beweggründe, von denen anschließend zu sprechen sein wird, einen Vorteil bewirken, also in einem inneren Zusammenhang mit dem Gewinn-Motiv stehen. Sie lassen sich deshalb auch so mit ihm verbinden, dass dadurch verstärkende Motiv-Allianzen[31] entstehen.

Zu den Basis-Erkenntnissen der Sozialwissenschaften gehört, dass Menschen in aller Regel ihr Verhalten davon bestimmen lassen, was ihrer Fürsorge anvertraut ist, und was sie einen Gewinn erwarten oder

31 Littig 1995

einen Verlust vermeiden lässt. Suffizienz-Forschung wird sich darum zum Ziel setzen, einleuchtend zu begründen und sinnlicher Erfahrung zu öffnen, was durch Selbstbegrenzung zum Leben hinzukommt, was Gelingen und Wohlsein schafft, eben die Lebensqualität erhöht. Sie wird zeigen wollen, warum und wie Suffizienz dem Alltag zugute kommt bzw. drohende Beeinträchtigungen des Lebens verhindert oder doch vermindert. Sie wird den Begriff Suffizienz in seiner Grundbedeutung ernst nehmen: Das, was genügt, ist das, was gut tut, was gut bekommt – weder Mangel noch Übermaß, die in ihren Auswirkungen beide lebensfeindlich sind. Suffizienz ist also nicht als ein Sollen, ein Müssen zu verstehen, sondern als eine gute Wahl, als etwas, was Menschen nahe liegt, was ihrer Einsicht zugänglich ist und im Leben bereits vielfach praktiziert wird.

Das Gewinn-Motiv selbst ist vielschichtig. Der Nutzen, der aus suffizientem Handeln zu ziehen ist, wird in sehr unterschiedlichen Bereichen entstehen. Einige von ihnen seien benannt, wobei zu beachten ist, dass manche der empfundenen Vorteile Milieu gebunden sind, dass also für manche Denk- und Lebensweisen Aggressionen hervorruft, was für andere als anziehend wirkt. Das macht Differenzierungen notwendig.

- Suffizienz erlaubt eine bessere Balance des Güter-, Zeit- und Beziehungswohlstandes. In diesen drei Kategorien lässt sich Wohlstand beschreiben. Güterwohlstand und Zeitwohlstand erklären sich selbst. Beziehungswohlstand richtet sich auf den sozialen Lebensraum, in dem ich mich bewege, darauf, dass ich mich zugehörig fühlen kann, dass mir gute soziale Beziehungen gelingen, dass ich für sie Zeit und Aufmerksamkeit habe. Das Streben nach immer mehr Gütern, nach immer mehr, was ich mir leisten kann, geht nur zu oft auf Kosten der freien Zeit und mindert leicht die Befriedigung, die in den Beziehungen zu Menschen liegt. Einer Neubewertung des Güterwohlstandes mag dabei zugute kommen, dass nach dem Befund einer ganzen Reihe von empirischen Untersuchungen das Glücksempfinden in den westlichen Gesellschaften oberhalb einer bestimmten Einkommensschwelle nicht mehr wächst. Die Ursache für diese Stagnation, wohl auch für die Gefährdung der Zufriedenheit wird darin gesehen, dass steigender Verdienst gleichzeitig die Stress-Faktoren des Lebens verstärkt, weil Tretmühlen entstehen, denen die Betroffenen verhaftet bleiben, und die ihr Leben belasten: neben der bereits genannten Anstrengung, die erreichte soziale Position durch Konsum zu zeigen und zu behaupten, vor allem die andere, die vielen mit dem Einkommen entstandenen Möglichkeiten einer Multi-Optionsgesellschaft auszuschöpfen, um genug zu erleben.[32] Suffizienz will optimieren. Von nichts zuviel wollen, damit für anderes, das ich ebenso brauche, noch Platz bleibt. Das Zuviel an Gütern mindert die Befriedigung, die in der Nutzung freier Zeit und in den Beziehungen zu Menschen liegt, und damit die Lebensqualität. Solche Einsichten in die einander widerstreitenden Wirkungen der eigenen Aspirationen stellen sich zumeist an Wendepunkten des Lebens ein, sind aber auch bereitwilligem Nachdenken zugänglich.

- Die Unersättlichkeit der materiellen Bedürfnisse, die zu immer neuer Nachfrage nach Wirtschaftsgütern führt, hat in der ökonomischen Theorie lange Zeit den Rang einer unbezweifelbaren Gewissheit gehabt und als anthropologische Konstante der Evolution gegolten. Das trifft nicht zu. Über lange Zeiträume haben sich die Wünsche den Mitteln angeglichen. Erst in der Moderne ist die materielle Ausrichtung der Bedürfnisse so dominant geworden und damit das „bad conscience of modernity“ entstanden, das uns vorhält, warum wir nicht haben, was wir begehren.[33] Es hat sich in den Industrieländern in der zweiten Hälfte des 20. Jahrhunderts noch einmal intensiviert. Prioritäten aber, die durch technologische und soziale Entwicklungen entstanden sind, können sich auch wieder verändern. So sind Wandlungen möglich, durch die der Konsum in seinem Symbolgehalt, mit dem er den Nutzer hervorhebt und von anderen unterscheidet, weniger wichtig wird. Umso wertvoller werden die öffentlichen Güter, die allen gehören: lebenswerte Städte, sichere Straßen, kommunikative Orte, Schutz vor Lärm und Schmutz, saubere Luft und gutes Wasser. Sie sind suffizienzab-

32 Binswanger 2003
33 Xenos 1989

hängig, weil sie nur durch die Förderung des Gemeinwohls und die dazu nötige Begrenzung der privaten Inanspruchnahme zu erreichen sind.

- Auch die Vermeidung von Übeln und Schäden lässt sich als Vorteil verstehen. Bescheideneres Essen und körperliche Bewegung können die Gesundheit verbessern. Saubere Luft kann Allergien und Atemwegserkrankungen verhindern. Biologische Nahrungsmittel sind schmackhafter. Die wachsende Verschuldung der Haushalte kann aus Unglück und Unvorsicht entstehen, hat aber ebenso viel mit überhöhten Ansprüchen zu tun. Freilich: Beweggründe, die mit den Nachteilen des gegenwärtigen Lebens argumentieren, werden in der Regel erst in akuten Bedrohungen oder angesichts eingetretener Schäden eine unmittelbare Wirksamkeit haben und unterliegen bei nachlassender Gefahr schnell dem Wunsch nach Verdrängen oder nach Vertagen des Handelns. Und doch hat es Sinn, Menschen aufmerksam zu machen auf die eigenen Verursachungen dessen, was sie belastet.

- Gewinnhaltig sind schließlich gerade die *intrinsischen Motive* des Handelns, wenngleich in einer ganz anderen Weise, als das utilitaristische Eigeninteresse nach dem Nutzen fragt.[34] Intrinsisch (von innen) wird Handeln genannt, das nicht auf von außen kommende Reize wie Belohnungen oder Drohungen reagiert, vielmehr aus eigenem Antrieb, aus einem inneren Wunsch, aus einem Gefühl der Zugehörigkeit heraus erfolgt, das also um seiner selbst willen geschieht und darum seinen Sinn wie seinen Gewinn in sich selbst trägt: Ich tue etwas, weil ich es tun möchte, weil ich es für richtig, für wichtig, für gut halte, weil ich mich in ihm selbst verwirkliche. Solches selbst bestimmtes Handeln wird sich nicht nur auf die Entfaltung der eigenen Anlagen richten (der Maler muss malen, der Schriftsteller muss schreiben), zu ihm gehört auch oder kann doch gehören, den eigenen Einsichten in das, was notwendig bzw. gut ist, selber zu folgen und auch vor anderen dafür einzutreten.

34 Scherhorn 2002

So sind viele Menschen bereit, sich an Gemeinschaftsaufgaben zu beteiligen ohne persönliche Gewinnerwartung. Ihr Anreiz ist, dass mit dem gemeinsamen Handeln etwas Sinnhaftes geschieht. Die Bewahrung der natürlichen Lebensgrundlagen unserer Erde, mehr Lebenschancen für die Armen – das sind Ziele, für die sich intrinsische Motive wecken lassen. Die Bedingung ist, dass das, wofür ich mich einsetze, nicht ein Fass ohne Boden ist; dass mein eigener Beitrag leistbar ist, also nicht über meine Kräfte geht; dass er wirklich denen zugute kommt, für die er gedacht ist, und dass ich erkennen kann, warum es dabei auf mich ankommt. Diese Befriedigung, in der Erfüllung einer Aufgabe bei sich selbst zu sein, ist wiederum nahe verwandt dem ethischen Suffizienz-Motiv.

2 | Verantwortung, Ethik, Moral

Auch eine innere Verpflichtung kann als Gewinn erlebt werden. Nicht auf Kosten anderer zu leben, nicht passiv Unrecht oder Unglück geschehen zu lassen, sich nicht für unzuständig zu erklären sondern seinen Teil dazu beizutragen, die Natur zu schützen, Benachteiligung, Armut und die Leben zerstörende Ungleichheit in dieser Welt zu verringern – das kann ein wichtiges Motiv des Handelns werden. Verantwortung, Moral, Ethik, Spiritualität sind wirksame Kräfte, vor allem, wenn sie in Motiv-Koalitionen eingefügt werden. Wo sie für sich allein Suffizienz begründen sollen, sind sie in der Regel den elementaren Regungen des Nutzens und der Sorge unterlegen, erst recht, wenn sie als Appell oder als Predigt vorgebracht werden. Sobald die ethische Dimension jedoch mit dem wohlverstandenen Eigennutz zusammengeführt wird, entfaltet sie eine starke Bindekraft: Mein eigenes Wohl und das der anderen Menschen gehören zusammen. Soziale Gerechtigkeit lässt sich mit der eigenen Sicherheit (also dem eigenen Vorteil) zusammen denken, ebenso das persönliche Wohl mit dem Gemeinwohl. Ich tue etwas für mich, wenn ich mich für andere einsetze. Das kann aus einem elementaren Gefühl heraus entstehen: „So wie bisher und zum Schaden der mit und nach uns Lebenden können wir doch nicht weiterleben!"

3 | Aus Katastrophen lernen

Was bewirken Überschwemmungen, Brände, Stürme? Was die Gefahr der Erwärmung der Atmosphäre, etwa mit der Aussicht auf das Versiegen des Golfstroms? Auch hier weicht akute Betroffenheit schnell der Gewöhnung und mit ihr der Hoffnung, dass es so schlimm nicht (wieder) kommt. Aber Naturkatastrophen erzeugen nicht nur Abwehr und Indolenz. Wenn sie nicht zu groß sind (und dann lähmen), haben sie eine kumulative Wirkung auf das Bewusstsein und verändern das Nachdenken. Umso mehr, wenn ihre Folgen auch die zeitlich nahen Interessen betreffen. Wie lassen sich, um nur ein Beispiel zu nennen, Zukunftsrisiken abstützen, wenn mögliche Schäden so hoch werden, dass sie zu erreichbaren Konditionen nicht mehr versicherbar sind? Für die Atomenergie ist das inzwischen evident.[35] Die Deutung der Ursachen und die Erkenntnis der Möglichkeit sie zu beeinflussen, können dann ein Anreiz zur schonenden Verwendung von Ressourcen werden. Das Entscheidende dabei ist, dass Handlungswissen vermittelt wird, mit dem die gewonnenen Einsichten in relevantes Tun umgesetzt werden können.

Auch der bedrohte Zustand von Wirtschaft und Gesellschaft kann erkennen lassen, dass Suffizienz Nutzen bringt: Die unaufhaltsame Verteuerung des Erdöls und ihre Auswirkungen auf Wirtschaft und Lebenshaltung; die steigenden Defensivkosten, um die ökologischen und die gesundheitlichen Schäden aufzufangen; die sich vertiefende soziale Ungleichheit mit ihren destabilisierenden Folgen, wenn Gewinnstreben und Güterstreben Vorrang vor den sozialen Zielen und den gemeinsamen Werten erhält. Auch hier lässt sich Suffizienz-Orientierung als eine der Möglichkeiten sichtbar machen, soziale Instabilität zu verringern.

---

35 Hennicke /Welfens 2012, 91 ff.

4 | Vom rechten Maß

Das rechte Maß ist, ähnlich wie die Verhältnismäßigkeit im Recht, ein ebenso unentbehrliches wie nicht leicht zu fassendes Kriterium des Urteilens. Lässt sich, wenn über Suffizienz nachzudenken ist, über das rechte Maß mehr sagen, als dass es eine Kategorie ist, die in die persönliche Entscheidung jedes Menschen gehört? Ist das Maß, und zumal das richtige, eine verallgemeinerungsfähige Größe? Hat es Sinn, ein Gemeinwesen zu fragen, wie es Alan Durning für die USA getan hat: How much is enough? Gibt es so etwas wie ein menschliches Maß in Bezug auf Besitz, auf Genießen, auf Luxus, auf das Verhältnis von Arbeit und Muße, Alltag und Feiern? Sind Richtwerte möglich, auf die man gewiss nicht alle Menschen aber doch größere Gruppen ansprechen kann, die den Angehörigen unterschiedlicher Lebensstile gemeinsam sind oder doch werden können? Oder enger gefasst: Lassen sich soziale Schichten oder Lebensstilgruppen auf das ihnen gemäße Maß ansprechen? Schwer zu beantwortende Fragen, die ein Nein und doch auch ein Ja in den Sinn kommen lassen. Geht man ihnen nach, entsteht ein Grundgefühl, dass es möglich sein muss, verständige Menschen wie auch Gesellschaften, die öffentlich über sich selbst nachdenken, auf das ihnen zuträgliche Maß anzusprechen, also auf das, was wir vernünftigerweise wollen sollen.

Gewiss verträgt Suffizienz nicht, dass in ihrem Namen externe Normen auferlegt werden. Und gewiss wird sie nicht festlegen wollen, was Menschen schön und gut finden sollen. Sie belässt Vorlieben und Abneigungen und auch Überschwang. Aber lässt sich nicht doch eine Übereinkunft entwickeln, die als Richtwert Entscheidungen erleichtern kann? Es gibt doch genug Evidenz dafür, dass Wohlfahrt und Zufriedenheit viel mit Mäßigung zu tun haben. Wie können in dieser Multioptionsgesellschaft, die Zufriedenheit so schwer macht, Interpretationshilfen und ansteckende Beispiele aussehen? Noch einmal Fragen, auf die Antworten zu suchen sich lohnen kann.

Eine Didaktik des sozialen Lernens wird sich jeweils auf das konkrete Lernfeld ausrichten. Aber sie kann sich dabei auf eine Reihe übergreifender Einsichten und Erfahrungen stützen. Einige von ihnen sind in den folgenden Punkten festgehalten.

5 | Das Münchhausen-Dilemma

Suffizienz muss in einer Gesellschaft gelernt werden, die ein halbes Jahrhundert hindurch genau das Gegenteil als Leitbild gepflegt hat und in großen Teilen noch immer auf die heilende Wirkung des quantitativen Wachstums setzt. Karl Werner Brand benennt diese Situation als ein Münchhausen-Dilemma.[36] Unsere Gesellschaft muss sich am eigenen Schopf aus der Nicht-Nachhaltigkeit herausziehen. Es gibt keine Instanz, die mit überlegener Einsicht oder ethischer Autorität das aufgeklärte Allgemeininteresse geltend zu machen vermöchte. Was unsere Situation kennzeichnet, ist ein Konglomerat von Einsicht und von Unwissen, von richtigen Ahnungen und von widerstreitenden Interessen, von Aufbruchenergie und der Angst vor Veränderung. Und was jetzt zu tun ist, was Nachhaltigkeit fördert – darüber gibt es sehr unterschiedliche Ansichten. Das alles macht den Lernprozess schwierig. Zu jedem Argument für einen Schritt hin zur Selbstbegrenzung liegt immer auch ein Gegenargument bereit. Diesem Zustand ist nicht zu entkommen. In ihm und durch ihn hindurch wird Suffizienz-Orientierung zu suchen sein. Sie wird in einem Prozess von Versuch, Irrtum und neuem Versuch Gestalt gewinnen und dabei die Ausweglosigkeit eines Dilemmas überwinden.

6 | Attribution

Die psychologische Attributionsforschung (Attribution = Zuschreibung) fragt nach den Ursachen, auf die Menschen eine Handlung oder ein Ereignis zurückführen. Im Zusammenhang der Suche nach einer Suffizienz-Orientierung leitet sie zu einer Überprüfung der

36 Mündliche Mitteilung

Normen an, auf die sich Menschen mit Aussicht auf Erfolg ansprechen lassen. Das geläufige Verfahren, mit dem Menschen für ein verändertes Verhalten zu Umwelt und zu Gerechtigkeit bewegt werden sollen, geschieht in einem Dreischritt. Es beginnt mit der Darstellung dessen, was fehlt, was nicht getan wird, was missrät. Danach wird den Angesprochenen vorgestellt, was geschehen muss. Und dem wieder folgt die Aufforderung an sie, sich das, was zu tun ist, zu eigen zu machen. Dieser Zugang führt oft nur zu bescheidenen oder sogar gegenläufigen Ergebnissen (weil diese Abfolge ja implizit das unerwünschte Verhalten als das normale vorführt). Robert B. Cialdini[37] hat in einer Reihe von Experimenten zum Umweltverhalten herausgefunden, dass sich das umgekehrte Verfahren als weit wirksamer erwies. In seinen Versuchen erklärte er das erwünschte Verhalten zum schon geschehenden, mit der Folge, dass deutlich mehr Menschen das, was ihnen als ihr Tun zugesprochen wurde, in seiner Berechtigung anerkannten und in ihr zukünftiges Handeln aufnahmen. An die Stelle der Norm „So sollen wir sein“ tritt die andere „So sind wir – darum wollen wir auch so sein“. In dieser Anordnung können Menschen ihre Suffizienz-Schritte auf die eigene Einsicht in die Sinnhaftigkeit dieses Tuns und auf die eigene Zustimmung zu entsprechendem Verhalten zurückführen – und sie damit wieder dem Gewinn-Motiv verbinden. Suffizienz als vorweggenommene Ist-Norm, und Suffizienz als schon gelebte Praxis – beides kann ein Anreiz werden, das eigene Handeln entsprechend auszurichten.

7 | Darf von Verzicht gesprochen werden?

Zunächst einmal ist es ratsam, auf die Sprache zu achten. An bestimmten Begriffen hängt viel, weil sie sich mit Gefühlen verbinden. Das gilt gerade für den Begriff des Verzichtes, dem Nebenbedeutungen wie Mangel, Einschränkung, Entsagung nahe sind. Ähnliches gilt für Wörter wie Askese (auch wenn sie „neue Askese“ genannt wird) oder

37 Cialdini 2003

Entsagung. So berechtigt sie in anderen Zusammenhängen sein mögen – für ein Nachdenken, das sich am Zuwachs von Lebensqualität ausrichtet, sind sie schwierige Begleiter. Das lässt zur Vorsicht raten.

Dabei wird sich zeigen, dass durch praktizierte Suffizienz zwar viele Gewinn-Situationen ohne Verluste entstehen. Aber es wird auch erkennbar werden, dass in ebenso vielen Fällen eine Wahl zu treffen ist, und dass Wählen immer auch Abwählen heißt. Auch wenn sich Suffizienz als Vorteil, Befreiung, Lebensklugheit erweist, ist nicht zu verkennen, dass sie mit Einbußen an Dingen und Erlebnissen verbunden ist, deren Fortfall zunächst einmal als Nachteil empfunden wird, selbst wenn dann Anderes und Besseres an ihre Stelle treten mag. Es hat kaum Sinn, dieses Weniger mit Begriffs-Kosmetik schönzureden, etwa als „Wohlstand light", oder ihm philosophische Weihen zu erteilen: Freiheit sei, mit Hegel zu sprechen, die Einsicht in die Notwendigkeit. Die Empfänger dieses Zuspruches merken die Absicht und sind verstimmt.

Was also ist zu sagen? Es ist wohl klug, den Veränderungsgewinn in den Vordergrund stellen und gemeinsam mit denen, die für ihn gewonnen werden sollen, ihre Wünsche zu klären. Welche sind wem am wichtigsten? Was wird als leicht zu praktizierende Veränderung und was als beträchtlicher Eingriff erlebt? Was erweckt in der Terminologie Widerstand, obwohl es in der Sache einsichtig ist und zum Teil schon geübt wird? Das Abwählen muss dabei nicht von vornherein zum Thema gemacht werden. Das werden die Angesprochenen selber tun. Darum muss für ihre Empfindungen Raum sein. Und insgesamt gilt: Vor allem von Einschränkungen, Genügsamkeit, Bescheidenheit zu sprechen, erschwert Suffizienz. Sie ausschließlich als Gewinn darzustellen, macht sie unglaubwürdig.

8 | Von der Tauglichkeit des Begriffes Suffizienz

Am Schluss ist noch einmal die Frage zu stellen, ob der Begriff Suffizienz die Sache fördert, die er zu fassen sucht, oder ob er sowohl um seiner Fremdheit als auch um seiner abträglichen Nebenbedeutungen willen ungeeignet ist und darum ersetzt werden sollte. Suffizienz als Begriff ist gegenwärtig noch unanschaulich. Den Uneingeweihten sagt er nichts oder etwas Falsches. Die ihn qualifizierende Bedeutung „Das, was richtig, was angemessen ist; das, was gut tut" muss ihm durch Interpretation beigelegt werden (vielleicht mit Ausnahme der Kardiologie, in der die gefürchtete Herz-Insuffizienz die Suffizienz leicht als den erwünschten Zustand verstehen lässt). Er ist ein Abstraktum und kann darum nur mühsam zu einem Leitbild werden. Konkrete Suffizienz wird sich darum ihre eigenen Schlüsselworte suchen. In der Fachdiskussion hat er jedoch seinen berechtigten Platz. Ich möchte ihn auch nicht aufgeben, weil er in seiner Kürze so zutreffend ist. Auch mag in nicht ferner Zeit in der Gesellschaft eine Gestimmtheit entstehen, die sich als Suffizienz gern zu erkennen gibt. Dafür lässt sich auch arbeiten.

Gutes Leben – was ist das?

Vor einiger Zeit war ich auf einer Tagung mit Betriebsräten eines Automobil-Konzerns. Es ging um die Krise der Industriegesellschaft, speziell der Auto fahrenden, um internationale Solidarität, also um den Ausgleich zwischen den Ländern des Nordens und des Südens, schließlich um die tief greifenden Veränderungen des Lebens, die uns bevorstehen. Verlustangst meldete sich mit der Frage: Was bleibt uns dann noch?

Wir haben daraufhin einen kleinen Versuch gemacht. Jede und jeder hat sich ein Blatt Papier genommen und aufgeschrieben, was für sie oder ihn zum guten Leben gehört. Anschließend haben wir das an der Wand zusammengetragen. Was da stand, war für alle unerwartet, obwohl doch alle dazu beigetragen hatten. Unerwartet war, dass gut dreiviertel der Nennungen entweder gar nichts mit Geld zu tun hatten, mit Geld auch gar nicht zu erreichen waren, oder aber sich mit durchaus erschwinglichen Summen verbanden. Da stand an der Tafel: Gesundheit (fast immer an erster Stelle); gute Partnerbeziehungen; Freude an den Kindern; Freunde und Freundinnen haben, überhaupt Menschen, auf die man sich verlassen kann. Dann: gute, sinnvolle Arbeit haben; gute Kolleginnen und Kollegen am Arbeitsplatz. Dann: gebraucht werden; etwas gut können; anerkannt werden; mit anderen zusammen etwas Schönes oder Wichtiges tun oder erleben usw. Das Gespräch darüber ergab: Alle im Raum hatten die Einschätzung mitgebracht, gutes Leben und materieller Wohlstand gehörten eng zusammen. Sie hatten aber faktisch eine ganz andere Rangordnung hergestellt. Natürlich wurden auch eine schöne Wohnung, gutes Essen und Reisen als Teil des guten Lebens genannt – aber eben unter anderem, nicht vor allem.

Das heißt: Vom vorherrschenden Klima in dieser Gesellschaft werden wir oft genug zu ganz anderen Leitwerten gedrängt als denen, die uns tatsächlich wichtig sind. Schon unsere Vorstellungskraft wird stark von Anreizen geprägt, die uns Kaufen und Verbrauchen als schönste Erfüllung unserer Wünsche versprechen. Der Austausch in jenem Seminar brachte zutage, wie merkwürdig außengesteuert wir sind, was das gute Leben angeht. Uns fällt zuerst ein, was uns die Werbung, die Erlebnisschilderungen oder die Pläne von Menschen unserer Umgebung als gutes Leben suggerieren, und nicht das, was uns beim Nachdenken wichtig ist.

An dieser Begebenheit, an ihren Signalen möchte ich im folgenden entlanggehen und mich dabei bemühen, die verdeckten Gruben der Harmlosigkeit und der Unglaubwürdigkeit zu meiden, in die man beim Nachdenken über das gute Leben nur zu leicht fällt. Der ersten Fallgrube ist gleich zu Anfang auszuweichen: Ich werde die von mir gestellte Titel-Frage nicht beantworten. Ich werde nicht sagen, nicht sagen können, was das gute Leben ist. Das kann Jede und Jeder nur für sich selbst sagen, wobei Übereinstimmungen ja nicht ausgeschlossen, sogar erwünscht sind. Aber es gibt keinen Kanon des guten Lebens, und es ist Misstrauen angebracht gegenüber jenen, die ihre eigene Rangordnung für verbindlich erklären. Menschheitsbeglücker haben ja genug Zwang und Elend über die von ihnen Erwählten gebracht. Nein, was mein gutes Leben sein soll, das ist die jeweils ureigene Entscheidung.

Warum lohnt es sich dann, öffentlich darüber nachzudenken? Weil diese ureigene Entscheidung so selten zustande kommt; weil das, was einen Reichtum an Formen und Farben aus sich heraussetzen kann, eine merkwürdige Konformität angenommen hat. Gerade in den letzten Jahrzehnten, wohl im Zusammenhang mit dem wirtschaftlichen Aufstieg nach dem 2. Weltkrieg, haben sich erstaunlich uniforme Aussagen über das gute Leben herausgebildet. Sehr viele Menschen definieren es inzwischen so, dass materielle Güter und Konsum den ersten Rang einnehmen. Also: Es geht mir gut, wenn ich viel verdiene. Es geht mir besser, wenn ich noch besser verdiene. Oder auch: Sage mir, wie viel Du verdienst, und ich sage Dir, wie gut es Dir geht.

Nun könnte man sich ja mit diesem Tatbestand zufrieden geben. Wenn es die Menschen so wollen, wenn das ihre Vorstellung von Wohlstand ist – warum nicht? Den zwanghaften Glücksaposteln wollten wir ja gerade nicht auf den Leim gehen. Und Differenzierung ermöglicht der Konsum durchaus. Vom gleichförmigen Massenkonsum, von den nivellierenden Fress-Wellen, Einrichtungs-Wellen, Elektronik-Wellen entfernen wir uns ganz bewusst. Die Stückzahlen der Serien werden kleiner, die Extras um so zahlreicher, die Kataloge ausgefallener; Ethno-Food führt, wie es auch die Kunst-, Erlebnis-, Abenteuer-Reisen tun, in unerschlossene Fernen, die ich nicht länger mit so und soviel anderen im Betrieb oder im Verein teilen muss. Kann man es nicht dabei belassen?

Für dieses Gewährenlassen spricht auch, dass es für den materiellen Wohlstand nicht nur allerhand Genüssliches, sondern durchaus auch Einleuchtendes zu sagen gibt. Die Zeiten liegen noch nicht lange zurück, wo Wahlmöglichkeit das Privileg kleiner Schichten in der Gesellschaft war. Noch vor gut hundert Jahren galt für große Teile der Bevölkerung: „Kartoffeln in der Früh, des Mittags in der Brüh, des Abends samt dem Kleid (der Schale), Kartoffeln in Ewigkeit". Und erst im Laufe des 20. Jahrhunderts, im Grunde erst im Zuge des Wirtschaftswunders nach dem 2. Weltkrieg, entstand dann eine Gesellschaft, in der es, um mit Heinrich Heine zu sprechen, „Zuckererbsen für jedermann" gab, eine Gesellschaft also, die der Mehrzahl ihrer Bürger einen Konsumstandard ermöglichte, der vorher einer dünnen Oberschicht vorbehalten war. Die frühere Pauvreté ist dem kollektiven Gedächtnis noch nicht entglitten.

Es gibt möglicherweise auch einen politischen Bonus des Mehrheiten-Wohlstandes. Michael Wildt hat auf ihn aufmerksam gemacht. „In der Tat hatten die Pluralitätserfahrung in der Alltagspraxis, die zunehmende Optionsvielfalt des Konsums einen nicht unerheblichen Anteil daran, die autoritäre und erstarrte gesellschaftliche Verfasstheit Westdeutschlands aufzulockern. Der Ausbruch aus der Enge des Mangels, die Entdeckung des Neuen, die Aneignung der scheinbar unbegrenzten Warenwelt und nicht zuletzt die Erweiterung des eigenen Horizonts durch neue Medien wie dem Fernsehen oder durch Urlaubsreisen passten schlecht zu einer konservativ starren politischen Kultur. Nicht zufällig waren es die ‚Kinder von Marx und Coca-Cola', die der ökonomischen und sozialen Lockerung der westdeutschen Gesellschaft die kulturell-politische folgen ließen. Die alltägliche Praxis einer sich nach westlichen Maßstäben entwickelnden ‚Konsumgesellschaft' trug ohne Zweifel dazu bei, die durch Krieg und nationalsozialistische Massenverbrechen zerrüttete deutsche Gesellschaft, zumindest im Westen, zu normalisieren."[1]

Die Faszination des materiellen Wohlstandes ist im Übrigen keine Erfindung unseres Jahrhunderts. Schon der 1431 geborene François Villon war einer ihrer Kronzeugen. Ich bringe zwei Strophen seiner Ballade vom angenehmen Leben in Erinnerung:

„Und preist man's als das höchste Leben auch,
mich kann das simple Leben nicht verlocken,
denn Zwiebel, die verpestet nur den Hauch,
gebähtes Brot macht nur die Kehle trocken.
Und aller Tropfen, aller Hafertrank
und aller Knoblauch hat mir nie geschmeckt,
und lieber als auf einer Rasenbank
hab ich in weichem Bette mich gestreckt.
Was meint ihr? Findet ihr's nicht auch bequem?
Nur wer in Wohlstand schwelgt, lebt angenehm.

Von Grütze nur und Haferbrot, davon
kann leben, wer da Lust hat und wer mag,
kein Vögelchen von hier bis Babylon
vertrüge diese Kost nur einen Tag.
Und pures Wasser nur zum Trunke kriegen,
statt guten starken Weins, ist minder schön,
und unter einem Rosenstocke liegen,
mit kalter Gattin dann zu Bette gehn –
ich habe keine Lust zu dem System,
nur wer in Wohlstand schwelgt, lebt angenehm.

---

1 Wildt 1993

Ich möchte dieser Faszination von Geld und Gut noch ein wenig nachhängen. Keine Bemühung, zu einem anderen Verständnis von Wohlstand zu kommen, hat Aussicht auf längerfristigen Erfolg, wenn sie sich dieser Faszination nicht stellt. Es ist ja keineswegs der Genuss allein, der materiellen Wohlstand so begehrenswert macht. Er hat weit darüber hinausgehende Vorzüge. Gerhard Scherhorn hat gezeigt, was alles an Erlebnissen sich mit dem Kaufen verbindet: Belohnung (Kaufen als Ersatz für Zuwendung); Größe (Kaufen als Mittel, sich wichtig zu fühlen); Selbständigkeit (Kaufen als Freiheit zu unabhängiger Entscheidung); Fülle (Kaufen als Symbol für Überfluss und intensives Leben); Sicherheit (Kaufen als Schutz gegen Mangel oder gegen das Gefühl, nichts dazuhaben).[2] Weiter: materieller Wohlstand gibt Sicherheit gegenüber vielen, sehr vielen Wechselfällen des Lebens, er verleiht Macht über andere Menschen, er vermittelt Stärke und Unabhängigkeit. Autos, Häuser, Reisen, Schmuck erfüllen nicht nur meine Bedürfnisse, sie haben Zeichenwert, sie sagen anderen, wie ich gesehen zu werden wünsche. Sie sind Mittel, mit denen Beziehungen hergestellt werden, wie sie auch höchst wirksame Instrumente der Abgrenzung von anderen sind. Sie erfüllen auf die einfachste Weise den Wunsch nach Anerkennung. Darum hat ja so oft das den höchsten Wert, was sich die wenigsten leisten können. Wohl eine Mehrheit in unserer Gesellschaft hat sich daran gewöhnt, auch viele ihrer immateriellen Bedürfnisse materiell zu befriedigen, also ihre Wünsche nach Geborgenheit, Wertschätzung, Selbstentfaltung durch Kaufen, Konsumieren, Vorzeigen.

Indem ich dies sage, möchte ich sofort ein mögliches Missverständnis ausschließen. Dieser Versuch, sich einem zukunftsfähigen Wohlstand anzunähern, wird nicht in eine Predigt der Bedürfnislosigkeit ausmünden. Wer Unempfindlichkeit gegenüber Geld und Gütern, gar Askese, als sein oder ihr gutes Leben wählt, hat meinen hohen Respekt. Aber es werden wenige bleiben, die sich so ganz auf die Erfüllung immaterieller Wünsche ausrichten können, und die in der Konzentration auf das eine ihnen Wichtige, im Ausschließen aller störenden

2 Scherhorn 1994

Einflüsse Lebenssteigerung und Lebenserfüllung finden. Die große Mehrzahl, ich eingeschlossen, wird das, was unsere Sinne anzieht, aus ihrem Leben weder ausschließen können noch wollen. Feste, Genuss, gelegentlicher Überfluss gehören erst recht nicht zu dem, was ich verlieren möchte. Und auch wenn es ein mittelalterliches Bild ist: Pieter Breughels Bauernhochzeit ist für mich noch immer ein herrliches Symbol der Lebensfreude. Es geht mir also nicht um die Verdächtigung materieller Güter, es geht um ihren Rang, um das Maß, um die Proportionen, die sie in unserem Leben einnehmen. Und hier stimmt nun tatsächlich vieles nicht mehr.

Denn die herrschende Weise der Bedürfnisbefriedigung, die Gleichsetzung des guten Lebens mit einem möglichst hohen materiellen Lebensstandard – diese Form des Wohlstandes ist nicht zukunftsfähig, und zwar aus mehreren Gründen nicht. Zunächst aus ökologischen Gründen. Die Industrieländer des Nordens nehmen heute mehr von den Ressourcen der Erde, vor allem mehr von ihrer Aufnahmefähigkeit für Schadstoffe in Anspruch, als die gesamte Menschheit auf Dauer verbrauchen kann, ohne ihren Fortbestand zu gefährden. Es ist also erst recht ausgeschlossen, dass sich unser materieller Wohlstand auf die Weltbevölkerung übertragen lässt. Aber genau dies erstreben die sich industrialisierenden Länder des Südens mit aller Kraft. Der Norden hat zum Vorbild des Südens werden wollen, und er ist es geworden. An uns lesen die Länder des Südens ab, was sie erreichen möchten, und wie sie es erreichen können. Was Euch groß gemacht hat, wird auch uns groß machen. Was Ihr genießt, wollen auch wir haben. Warum sollten wir z.B. unsere Tropenwälder schonen, wenn Ihr Eure Wälder schon vor zwei- oder dreihundert Jahren abgeholzt habt und das, was übrig geblieben ist, dem ungehemmten Autoverkehr preisgebt?

Unser materieller Wohlstand ist aber nicht nur von außen bedroht, sondern gerade von innen. Er erzeugt aus sich selbst heraus Widersprüche, die ihm die Zukunftsfähigkeit rauben. Anders gesagt: Der Überfluss erzeugt seine eigenen Knappheiten. Wir sind ja nicht nur Autofahrer, Käufer von Konsumgütern, Urlaubsreisende; wir sind ebenso Atmer und Esser und Schläfer. Wir brauchen also gute Luft, gesunde Nahrung, sauberes Wasser, ruhigen Schlaf. Auch das, was wir so lange als selbstverständlich genommen haben, ist ja Wohlstand, wie wir immer deutlicher erkennen, und zwar ebenfalls verletzlicher Wohlstand. Wir werden also wählen müssen.

Ein schwieriger Befund. Materieller Wohlstand ist, jedenfalls bei genug Nachdenklichkeit, nur der kleinere Teil dessen, was Menschen sich als gutes Leben wünschen. Er ist so extensiv, wie wir ihn praktizieren, nicht zukunftsfähig, weil die Erde ihn nicht aushält, und weil seine inneren Widersprüche zunehmen. Aber seine Anziehungskraft ist ungebrochen. Es ist darum noch einmal genauer zu fragen: Warum ist das Abwählen der nicht-zukunftsfähigen Teile des guten Lebens so schwer?

Da ist zunächst einmal die Schwerkraft zu nennen. Gewöhnung und Bequemlichkeit stehen vielen Veränderungen im Wege. Das ist die uns gemeinsame Erdenschwere, die in unserem Zusammenhang benannt, aber nicht ausführlich besprochen werden muss. Aber sehr wohl zu besprechen ist ein anderes Hindernis: der weit verbreitete, nagende Verdacht nämlich, zukunftsfähiger Wohlstand werde nur Wohlstand *genannt*, in Wirklichkeit gehe es um einen als gutes Leben verbrämten Verzicht. Und Verzicht schmeckt sauer. Es ist ja auch nicht zu leugnen: Als Verzicht begegnen uns die bevorstehenden Veränderungen oft genug. Herbert Gruhl war einer der ersten, der mit seinem Buch die Unhaltbarkeit des ständigen industriellen Wachstums aufzeigte. „Ein Planet wird geplündert", hieß der Titel, und die Perspektive war düster genug: „Noch nie hat es eine so unangenehme Wahrheit gegeben. Sie kommt als Forderung auf uns zu, ohne etwas zu versprechen." Gemeint ist die Senkung des Lebensstandards in den Industrieländern.[3] Und Wolfgang Harig, der ökologische Vordenker des real existierenden Sozialismus, veröffentlichte im selben Jahr sein Buch „Kommunismus ohne Wachstum?" und widerrief das Versprechen, der Kommunismus werde alle Bedürfnisse der Men-

3 Gruhl 1975

schen befriedigen. Es gelte zu unterscheiden zwischen Bedürfnissen, die beizubehalten, ja zu steigern und auch erst zu erwecken seien, „und anderen, die den Menschen abzugewöhnen sein werden – so weit möglich, mittels Umerziehung und aufklärender Überzeugung, doch, falls nötig, auch durch rigorose Unterdrückungsmaßnahmen … begleitet von gesetzlich verfügten Massen-Entziehungskuren."[4] Wenig erbauliche Aussichten auf einen zukunftsfähigen Wohlstand! So weit die Studie „Sustainable Netherlands",[5] die ja der Vorläufer und das Vorbild der Studie des Wuppertal Institutes „Zukunftsfähiges Deutschland" ist, von jenem Zwang entfernt ist – auch ihre Richtwerte riechen nach Verzicht. Am häufigsten zitiert ist wohl die folgende Einschätzung: Wenn die Niederlande im Jahre 2010 nicht mehr Energie in Anspruch nehmen wollen, als ihnen nach dem Grundsatz der Gleichheit zukommt, dann steht jedem Einwohner/ jeder Einwohnerin pro Tag 1 Liter Benzin bzw. dessen Äquivalente für Fortbewegungszwecke zur Verfügung. Und da ein Großteil davon für notwendige Fahrten zur Arbeit und zum Einkaufen benötigt werden, gelte als Faustregel, dass man einmal alle 10 bis 20 Jahre eine große interkontinentale Flugreise machen könne, sofern man sein Kontingent nicht für die Naherholung aufgebraucht habe.

Unsere eigenen Studien zu einem zukunftsfähigen Deutschland[6] sind mit solchen Richtwerten vorsichtiger; aber auch sie müssen ja um des Klimas willen fordern, den Energieverbrauch drastisch zu verringern. Und das wird erhebliche Auswirkungen auf die gewohnte Mobilität haben, einschließlich Verzichten auf die Art und die Häufigkeit der Nutzung von Fahr- und Flugzeugen. Wir können uns also das Thema Verzicht nicht ersparen, und ich komme auf den Zusammenhang von Verzicht oder besser von Verzichten (im Plural) und zukunftsfähigem Wohlstand zurück, will aber schon ankündigen, dass ich Verzichte von Verlusten unterscheiden möchte, und dass ich Verzichte auf den mit ihnen verbundenen Gewinn hin befragen will.

---

4 Harig 1975, 178 f.
5 Buitenkamp 1992
6 BUND u.a. 1997 und 2008

Ein Selbstversuch

Die bisherigen Überlegungen sollten dem Nachdenken über nachhaltigen Wohlstand Grund geben. Aber nun ist nach Elementen eines zukunftsfähigen guten Lebens zu suchen. Was folgt, sage ich als ein Angehöriger der gut situierten Mittelschicht, als Mann und zwar im tätigen Pensionsalter, als jemand, der die prägenden Einflüsse seiner Kindheit und Jugend in einem protestantischen Pfarrhaus erhielt. Das alles beeinflusst meine Orientierung und bezeichnet auch meine Grenzen. Ich bemühe mich, diese Grenzen für mich transparent zu machen; aber ich kann sie nicht einfach aufheben. Was ich vortrage, ist ein Selbstversuch und als solcher ein Angebot. Angehörige anderen Alters, Geschlechtes, Milieus müssen sehen, was sie damit anfangen können.

Ich kehre zurück zu der Einschätzung, dass wir uns angewöhnt haben, immaterielle Bedürfnisse materiell zu befriedigen. Wie, wenn wir das nicht mehr täten oder doch deutlich weniger als gegenwärtig? Meiner Frage liegt Rigorismus fern. Die holländische Studie erklärt geradeheraus, materielle Güter wie Haus, Kleidung, Auto, Reisen seien ungeeignet zur Befriedigung unserer Wünsche nach Geborgenheit, Wertschätzung, Selbstentfaltung. Das entspricht weder meiner eigenen Erfahrung noch meinen Beobachtungen. Aber soviel lässt sich doch sagen: Die materielle Erfüllung immaterieller Wünsche hat oft genug die Züge einer Ersatzbefriedigung. Sie muss darum schnell wiederholt und wenn möglich überboten werden, und sie hinterlässt, weil und wenn sie als solche erkennbar wird, Enttäuschung. Es lohnt sich also, nach den stärkeren, haltbareren Wunscherfüllungen Ausschau zu halten. Ich will drei solcher Wunscherfüllungen nennen.

Zunächst: *Selbstbegrenzung*. Selbstbegrenzung ist ganz etwas anderes als abgenötigter Verzicht. Bei den Befürwortern eines neuen Lebensstils waltet da manchmal eine merkwürdige Leichtfüßigkeit. Mit Verzicht, so ist zu hören, habe das vom überflüssigen Konsum entrümpelte Leben nichts zu tun. Als das Global Challenge Network seine Mitglieder fragte: „Auf was können Sie verzichten?“, schrieb eines der Mitglieder „Verzichten Sie doch bitte sofort auf das Wort verzichten. Es geht nicht um Verzicht, es geht um die eigene Befreiung von Leerlauf und Verschwendung.“ Darum geht es auch. Aber es lässt sich doch nicht unterschlagen, dass zukunftsfähiger Wohlstand auch etwas mit Verzichten zu tun hat, Verzichten auf Bequemlichkeit, auf die Häufigkeit von Überfluss, auf bestimmte Abwechslungen, etwa in der Mode, in der Einrichtung, auf Geschwindigkeit und ihren Kick, auf eine gewohnte und geliebte Form der Mobilität und deren Ziele usw. Es hat wenig Sinn, Menschen das, was sie als Verzichte empfinden, als Befreiung zu verkaufen. Wohl aber kann ich darauf aufmerksam machen, dass das eben Genannte meist keine reinen Vergnügungen sind, dass sie auch unmittelbare oder mittelbare Nachteile haben und Schäden verursachen, und vor allem, dass weniger nicht ärmer, geringer, langweiliger, ereignisloser heißen muss, sondern dass ich dann Erlebtes intensiver aufnehme und länger von ihm zehre. Das alles kann ich mit Berechtigung sagen und die Verzichte damit akzeptabel machen. Aber es bleiben Verzichte.

Selbstbegrenzung ist ein Akt eigener Wahl, wobei mir die beiden Bestandteile des Wortes gleich wichtig sind: das Grenzen setzen, und dass ich es selbst tue aus eigenem Entschluss. Es gibt ja so etwas wie einen gesellschaftlichen Zwang zum Konsum, auch zum Mehrkonsum von Gütern, von Erlebnis. Es gibt einen Erlebnismarkt mit immer noch großen Wachstumsraten. Er produziert ständig Neues, vielmehr das Alte in neuem Design, und so ist zu erklären, dass der Wiederholungscharakter all dieser Abwechslungen noch so selten durchschaut wird. Sich diesem Druck zu entziehen oder diesem Sog zu entwinden, ist also gerade nicht, wie Herbert Gruhl uns die Zukunft vorstellte, eine Forderung ohne Versprechen; diese Entwöhnung ist nicht Verlust, sie ist vielmehr ein Gewinn an Freiheit und an Erlebnisqualität. An Freiheit, weil der Feind der Freiheit die Unbegrenztheit ihrer Ausübung ist. An Erlebnisqualität, weil die Intensität des Erlebens mit größerer Menge und Häufigkeit in aller Regel gerade nicht zunimmt, sondern sich abschwächt. Wenn ich Musik ständig um die Ohren habe, wird das Musikerleben schwächer. Ähnliches gilt für den Wein. Jede und jeder von uns kann Beispiele beisteuern. Oder in der schönen Formulierung von Hans Blumenberg: „Lebenskunst ist die elementare Fähigkeit, mit sich selbst umzugehen und hauszuhalten." Bei der Selbstbegrenzung geht es also auch um eine Kultur des Genießens.

Ich möchte den Vorzug der Selbstbegrenzung noch an einem Beispiel verdeutlichen: dem Fasten. Fasten unterscheidet sich vom Hunger wie auch von der Askese. Den Hungerleidenden darf niemand vom Fasten reden – das wäre Zynismus. Fasten wie Askese sind beides freiwillige Enthaltung von etwas, was zur Verfügung steht. Askese ist grundsätzlicher, dauerhafter Verzicht, Überwindung der leiblichen Wünsche um der Konzentration willen auf das, was dem Asketen als das Beste im Menschen gilt, die Seele. Askese ist darin Lebenssteigerung. Auch Fasten ist Lebenssteigerung, diesmal mittels des Wechsels gesucht. Der Unterschied macht wach, aufmerksam. Im Fasten erlebe ich mich anders und neu; die temporäre Enthaltung lässt die nachfolgende Fülle um so intensiver erleben. Darum geht in der christlichen Tradition den höchsten Festen ein Fasten voraus. Es macht durch Selbstbegrenzung erlebnisfähig. Ich will ausdrücklich noch einmal hinzufügen, dass Selbstbegrenzung ein Gewinn nur für die ist, die genug haben, um zu wählen. Ein Lob der Armut darf daraus nicht werden. Armut lässt ja gerade keine Wahl. Armut macht das Leben auch ereignisarm.

Eine andere Art der Gewinnrechnung. Das Gewinn-Motiv scheint dem Menschen eingeboren zu sein und ist wohl einer seiner stärksten Antriebe. Darum wird so viel menschliches Handeln mit Belohnung verbunden. Und diese Belohnung besteht in den allermeisten Fällen in Bezahlung. Geld ist der Maßstab, an dem der Wert des Handelns gemessen wird – nicht immer, aber doch so, dass es unsere Gesellschaft prägt und den Vorrang materieller Güter festigt, wenn Wohlstand gesucht wird.

Ein zukunftsfähiger Wohlstand wird darum jene menschlichen Tätigkeiten begünstigen, die ihren Gewinn, ihre Belohnung in sich selbst tragen. (Ich spreche jetzt nicht von der Erwerbsarbeit. Das ist ein eigenes großes Thema.) Zum zukunftsfähigen Wohlstand zähle ich Handeln, das seinen Wert in sich hat. Ich erinnere an einiges, was auf der Tagung der Betriebsräte genannt wurde: etwas gut können und dafür anerkannt werden; mit anderen zusammen etwas Schönes oder

Wichtiges tun oder erleben; erfahren, dass es auf mich ankommt; in meinen Möglichkeiten herausgefordert werden; die Freude, hilfreich sein zu können; an einer lohnenden Aufgabe beteiligt sein; die Befriedigung, Kompetenz zu erwerben; die Lust zu lernen und das Gelernte weiterzugeben, also Lernender und Lehrender im Wechsel zu sein usw.

Dieser Wohlstand will wiederentdeckt und aufgewertet sein. Und ich denke, alle von uns haben eigene Erfahrungen damit, dass ein Handeln aus intrinsischen (von innen kommenden) Motiven eine weit nachhaltigere Befriedigung bereithält als das, was um materiellen Gewinnes willen getan wird. Es gibt dazu auch Untersuchungen. Berichtet wird von Kindern, die zuerst aus Freude am Malen und dann für eine versprochene Belohnung ein Bild malten und danach weniger Freude am Malen zeigten. Schüler und Studenten, denen für das Erzählen einer Geschichte ein Preis ausgesetzt worden war, erwiesen sich als weniger kreativ als jene, die sich ohne Konkurrenz um einen Preis beteiligten. Solche Ergebnisse sind nicht verwunderlich; denn der von innen kommende Beweggrund, der eigene Antrieb, ist die Voraussetzung für das sachbezogene Interesse an einer Tätigkeit. Das versprechen einer Belohnung dagegen ist gleichbedeutend mit der Erklärung, die Aufgabe sei es nicht wert, um ihrer selbst willen getan zu werden.

Gehen solche intrinsischen Beweggründe unserer Gesellschaft verloren? Ist es so, dass die viel beschworene Individualisierung, Kommerzialisierung, Werteverfall, Ego-Trips die Neigung ruinieren, Dinge um ihrer selbst, um des in ihnen liegenden Wertes willen zu tun? Ich weigere mich das zu glauben. Wer sich umschaut, stößt ja auf weit auseinander liegende Phänomene – so schlimme wie ermutigende. Was davon haften bleibt, ist auch eine Frage der eigenen Optik und der mitgebrachten Bewertungskriterien. In unserer Konsumgesellschaft mag viel an inneren Antrieben verschüttet sein, verloren muss es deswegen nicht sein. Eine Umfrage aus dem Jahr 2010 zeigt, dass mehr als ein Drittel der bundesdeutschen Bevölkerung ehrenamtlich tätig ist. Sie täten es ja wohl nicht, wenn sie nichts davon hätten.

Möglichkeitssinn entwickeln. Es ist keineswegs immer der größere Wert, der Menschen an einer güter- und konsumorientierten Lebensweise festhält, es ist häufig eine tief sitzende, fest gefügte Gewohnheit: Es ist so, wie es ist, und anders lässt es sich nicht denken. Was gewünschte Veränderungen verhindert, ist oft ein Mangel an Vorstellungsvermögen. Das, was ist, ist legitimiert, weil es da ist. Und diese Einstellung wird Realitätssinn genannt. Dazu gibt es nun eine schöne Passage aus Robert Musils „Der Mann ohne Eigenschaften“:

„Wenn man gut durch geöffnete Türen kommen will, muss man die Tatsache achten, dass sie einen festen Rahmen haben: dieser Grundsatz, nach dem der alte Professor immer gelebt hatte, ist einfach eine Forderung des Wirklichkeitssinns. Wenn es aber Wirklichkeitssinn gibt, und niemand wird bezweifeln, dass er seine Daseinsberechtigung hat, dann muss es auch etwas geben, das man Möglichkeitssinn nennen kann. Wer ihn besitzt, sagt beispielsweise nicht: Hier ist dies oder das geschehen, wird geschehen, muss geschehen; sondern er erfindet: Hier könnte, sollte oder müsste geschehen; und wenn man ihm von irgend etwas erklärt, dass es so sei, wie es sei, dann denkt er: Nun, es könnte wahrscheinlich auch anders sein. So ließe sich der Möglichkeitssinn geradezu als die Fähigkeit definieren, alles, was ebenso gut sein könnte, zu denken und das, was ist, nicht wichtiger zu nehmen als das, was nicht ist. Man sieht, dass die Folgen solcher schöpferischen Anlage bemerkenswert sein können, und bedauerlicherweise lassen sie nicht selten das, was die Menschen bewundern, falsch erscheinen und das, was sie verbieten, als erlaubt oder wohl auch beides als gleichgültig …Kindern, die diesen Hang haben, treibt man ihn nachdrücklich aus und nennt solche Menschen vor ihnen Phantasten, Träumer, Schwächlinge und Besserwisser oder Krittler.“[7]

Eine Ehrenrettung des Besserwissens und der Besserwisser ist angesagt, wenn es um zukunftsfähigen Wohlstand geht. E.F. Schumacher war ja einer von diesen unentbehrlichen Besserwissern. Auch eine Stärkung des Möglichkeitssinnes ist hoch erwünscht. Zwei Gebiete, auf denen

---

7 1970, S. 16

eine Stärkung des Möglichkeitssinnes besonders dringend ist, sind der Energieverbrauch und die Mobilität, genauer der Autoverkehr. Ich will dafür ein Projekt anführen, das an der Universität Bremen betreut wurde. Die Ausgangsfrage hieß: Warum äußern sich so viele Menschen kritisch zum Autoverkehr und nehmen doch immer wieder an ihm teil? Bei ihren Antwortversuchen verzichteten die Autoren auf eine gängige Erklärung: das Auto sei eben eine Droge und erzeuge Sucht. Das schien den Bremern eine unzureichende Erklärung zu sein, auch wenn es natürlich Autofahrer gibt, die solche Erlebnisse suchen. Aber was die meisten Menschen ins Auto treibt, sei eine ausgeprägte und verfestigte Gewohnheit. Und solche Gewohnheiten seien hartnäckig resistent gegen widersprechende Erfahrungen. Um die Härte dieser Resistenz zu testen, suchten die Forscher Familien, die bereits eine kritische Beziehung zum Auto hatten und bereit waren, vier Wochen ganz ohne Auto zu leben. Sechs Familien beteiligten sich und führten während dieser Zeit ein genaues Tagebuch über alle außerhäuslichen Gänge und Fahrten und über das, was sie dabei erlebten und empfanden. Zusammenfassend lässt sich sagen: Die Abhängigkeit der Familien vom Auto war geringer als sie befürchtet hatten. Die Vorteile des Autos waren überschätzt worden. Das Einkaufen ging leichter vonstatten als erwartet – außer für Frauen mit kleinen Kindern. Manche Fahrten ins Umland wurden umständlich; spontane Entschlüsse ließen sich manchmal nicht verwirklichen; aber insgesamt lernten die Familien so gut ohne ihr Auto auszukommen und gewannen dem autofreien Leben soviel ab an Geldersparnis und an Lebensqualität, dass fünf der sechs Familien ihr Auto verkauften, und auch zwei der drei Projekt-Mitarbeiter.[8] Ich will nicht verschweigen, dass ich mein Auto noch habe, es aber deutlich weniger benutze als früher.

Ich habe heute Abend vor allem von der persönlichen Dimension eines zukunftsfähigen Wohlstandes gesprochen, von solchen Elementen eines guten Lebens also, die jede und jeder für sich in Geltung setzen kann. Aber dabei bin ich immer wieder – meist ungenannt – an Barrieren geraten; denn die Wahlmöglichkeiten der Einzelnen werden

8 Burwitz 1992

ja mitbestimmt und auch begrenzt vom Gesamtzustand der Gesellschaft, von ihren Konventionen, von den ökonomischen und sozialen Zwängen, die sie ausübt. Das gute Leben hat eben auch eine öffentliche, politische Dimension. Von der ist gesondert zu sprechen.

Gestatten Sie mir einen kurzen Schluss zum Stichwort *Ermutigung*. Die Fragen lassen sich ja nicht unterdrücken: Wird es denn überhaupt gehen? Wollen das genug Menschen, und können das genug Menschen wollen? Wird die Einsicht reichen? Bleibt noch genug Zeit? Wer sich um eine zukunftsfähige Gesellschaft bemüht, hat die Resignation als seinen oder ihren Schatten. Darum ist Ermutigung ein notwendiges Element des guten Lebens. Woher kann sie kommen? Für mich entsteht Ermutigung aus einer immer wieder erneuerten Erfahrung: Ich möchte nicht anders leben als zuversichtlich und tätig für das, was noch nicht ist, aber werden kann. Dass diese Begründung etwas Münchhausisches hat, stört mich nicht.

Mobilität und Rebound-Effekt

Rebound, zu deutsch: Abprall, ist zunächst aus dem Sport bekannt, etwa beim Basketball. Rebound ist, wenn der Ball sein Ziel, den Korb, nicht erreicht, etwa vom Ring abspringt und dann wieder eingefangen wird. Auch die Medizin kennt den Rebound-Effekt. Hier bedeutet er, dass ein Medikament seine Wirkung nicht erreicht. Zum Beispiel, wenn eine länger gegebene Arznei eine vermehrte organische Reaktion erzeugt, die die Wirkung des Medikamentes übertrifft und damit außer Kraft setzt (etwa, wenn man zu oft ein Antazidum schluckt und damit erst recht Magensäure produziert).

In der Ökologie hat der Rebound-Effekt eine fundamentale Bedeutung. Auch hier verweist er auf eine Überkompensation. Er entsteht, wenn Einsparungen durch Effizienz einen erhöhten Verbrauch zur Folge haben. Nun richten sich für die Nachhaltigkeit ja noch immer die stärksten Hoffnungen auf die Öko-Effizienz, also die Erhöhung der Ressourcen-Produktivität. Sie ist in der Tat unentbehrlich. Weltproduktion und Welthandel wachsen so, dass sie die Einsparung von Energie und Stoffen durch Öko-Effizienz einstweilen weit übersteigen. Die Weltproduktion ist zwischen 1950 und 2000 im Durchschnitt jährlich um 3,9 Prozent gewachsen, also in einem halben Jahrhundert um das vierfache, der Welthandel sogar um mehr als 6 Prozent jährlich. Das setzt sich seitdem fort, inzwischen weniger steil aber ungebrochen, und zwar aus zwei Gründen: Die Weltbevölkerung wächst noch einige Jahrzehnte weiter, auf 8 bis 9 Milliarden Menschen, selbst den moderaten Vorhersagen zufolge. Dabei fallen einmal die Geburtenzahlen insgesamt ins Gewicht, aber mehr noch die steigenden Ansprüche der wachsenden globalen Mittel- und Oberschichten. Das ist der zweite Grund. Die Entwicklungsländer holen auf und orientieren sich dabei an den Industrieländern als ihren Vorbildern. Dabei entstehen große

Mittel- und Oberschichten. Die globale Konsumentenklasse außerhalb der Industrieländer wird inzwischen auf mehr als eine Milliarde Menschen geschätzt und erreicht bereits die Kaufkraft der USA. Das heißt: Alle Einsparungen, die durch Ressourcen-Effizienz erzielt werden, werden durch die weltweit stetig wachsende Nachfrage aufgebraucht und überkompensiert. Und das wiederum bedeutet: Die Menschheit verzehrt die natürlichen Lebensgrundlagen, von denen sie abhängig ist. Dem ist mit Effizienz-Gewinnen nicht mehr beizukommen.[1]

Der Luftverkehr ist ein eindrückliches Beispiel. Er wächst gegenwärtig um etwa 6 Prozent jährlich. Wenn sich das fortsetzt, wird er sich bereits in einem Jahrzehnt noch einmal verdoppeln. Die Schäden, die ein so stark steigender Luftverkehr verursacht, wird Öko-Effizienz nicht beherrschbar machen können, zumal die Klimawirkung des Luftverkehrs fast dreimal so hoch ist wie die von CO_2 allein (genau 2,7 mal). Und wenn die Hersteller des Airbus A 380 stolz darauf hinweisen, dass er pro Person nur 3,3 Liter auf 100 Kilometer verbraucht, so gilt das eben, wenn er voll besetzt ist. Die verbleibende Treibstoff-Menge ist also mit 500 malzunehmen. Und die so Fliegenden sind vorher und nachher ja auch unterwegs, haben Anreisen, Anschlussflüge usw.[2]

Das zweite Beispiel ist der Autoverkehr. Der Verkehr insgesamt hat einen Anteil von etwa 25 Prozent an der globalen CO_2-Belastung. Eine Studie der European Federation for Transport and Environment hat ermittelt, dass die Kohlendioxid-Emissionen aus dem Straßenverkehr von 1990 bis 1995 um 1,6 Prozent pro Jahr zugenommen haben, von 1996 bis 2001 sogar um 2 Prozent. Und auch, wenn bei den PKW die Kurve jetzt flacher wird – ihre Luftbelastung beträgt immer noch etwa 40 Prozent der CO_2-Emissionen aus dem Verkehr. Der Straßengüterverkehr hat ohnehin eine eindeutig steigende Kurve.

Und weil das Klima ja ein globales System ist, auch ein Blick nach China (für Indien gilt ähnliches). Gegenwärtig haben in China gut

---

1 Dazu jetzt Santarius 2012

2 Die IATA erwartet bis 2030 eine Verdoppelung des Personen-Flugverkehrs und eine Verdreifachung der Luftfracht. Süddeutsche Zeitung 20.6.2012

20 von 1000 Menschen ein Auto, in Deutschland 541, in der Schweiz 507. Würde China sich dieser Größe auch nur annähern, und würde in China die Mehrheit der Bevölkerung auf ähnliche Weise Auto fahren, wie es die große Mehrheit in Deutschland und in der Schweiz heute tut, kann ich mir keine technische Entwicklung vorstellen, die die Umweltschäden beherrschbar machen könnte.

Aber Halt! Haben wir nicht Aussicht auf naturverträgliche Technologien? Solarenergie? Sunfuel? Brennstoffzelle? Und neutralisieren sie nicht auf elegante Weise den Rebound-Effekt und lösen damit das Mengenproblem? Professor Ferdinand Dudenhöffer von der Universität Essen-Duisburg, oft Mr. Auto genannt, kann sich eine Welt mit drei Milliarden Autos (heute sind es ca. 500 Millionen) durchaus vorstellen, und er wünscht diese Welt herbei. Wir müssen daran arbeiten, dass es so kommt, sagt er. Die Menschen seien mit Auto einfach glücklicher. Umweltprobleme? Sie seien leicht zu lösen. Schon in 20 Jahren führen Autos nicht mehr mit Benzin und Verbrennungsmotoren, sondern mit Wasserstoff und Brennstoffzelle.

Keine Frage, wir werden sie benötigen, die Solarenergie und die anderen Konsistenz-Strategien. Eine auf acht oder neun Milliarden Menschen anwachsende Weltbevölkerung wird, um überleben zu können, naturverträgliche Primärenergien benötigen. Solar erzeugter Wasserstoff etwa wird – so hoffen wir – eine Energieversorgung ohne größere Schädigung der Atmosphäre ermöglichen. Aber zu erwarten, dass er uns in zwanzig Jahren unbegrenzt zur Verfügung steht, ist bares Wunschdenken. Niemand weiß heute, zu welchem Zeitpunkt wie viel davon einsetzbar ist. Niemand weiß auch, ob sich alle Erwartungen, die sich mit diesen Technologien verbinden, auch erfüllen werden, ob sie wirklich so frei von Nebenwirkungen und Gefahren sind, wie ihre Protagonisten voraussagen. Auch Solar-Technologien haben eine materielle Basis. Auch wenn Automobile mit Brennstoffzellen fahren, die selbst die Atmosphäre nicht belasten, so brauchen und verbrauchen sie doch Flächen, Infrastrukturen, begrenzt verfügbare Materialien, die ohne Energieeinsatz nicht zustande kommen. Auch die Brennstoffzelle muss hergestellt und entsorgt werden, auch der Wasserstoff muss bevorratet und transportiert werden. Auch bei solchen Konsistenz-Strategien wird zur Herstellung Energie benötigt, wird Materie aufgebraucht, werden Schadstoffe emittiert, werden Mengenprobleme entstehen. Es kann in der Wirtschaft wie in den Lebensvollzügen keine vollständige Unschädlichkeit der Eingriffe in die Natur geben, und es sind auch keine vollständig geschlossenen Kreisläufe vorstellbar.

Das ausschließliche Vertrauen auf Konsistenz-Technologien ohne die Bereitschaft Ressourcen einzusparen, lässt den Zeitfaktor außer Acht. Die Industriegesellschaften müssen in wenigen Jahrzehnten, also unter einem enormen Zeitdruck, so umgebaut werden, dass ein lebensverträgliches Klima erhalten bleibt. Aller Voraussicht nach werden weder die technischen Verfahren der Energiegewinnung so weit entwickelt noch die Produktionskapazitäten so ausreichend aufgebaut sein. dass sich die ohnehin schon gefährdete 2°-Grenze mit ihnen allein wird einhalten lassen. Das wird nur mit einer beschleunigten Reduzierung fossiler Energie und auch mit einem auf das Lebensnotwendige konzentrierten Gebrauch erneuerbarer Energien möglich werden. Beides aber bedeutet Einschränkungen in der grenzenlosen Mobilität. Soll die 2°-Grenze erreichbar bleiben oder doch möglichst wenig überschritten werden, und will sich die Menschheit nicht dem Widersinn der Atomenergie ausliefern, dann bleibt nur, in eine kluge Begrenzung der Naturnutzung einzuwilligen.

Das wird für alle Menschen auf dieser Erde gelten, auch für die Konsumentenklasse in Asien und Lateinamerika; aber die Aufforderung richtet sich zuerst an die Hochverbraucher in den Industrienationen. Noch gilt ja, dass ein Viertel der Menschheit, und zwar das Viertel, zu dem wir gehören, beinahe drei Viertel der Rohstoffe in Anspruch nimmt. Das werden die heute Benachteiligten nicht hinnehmen. Wird diese Relation nicht verändert, werden die Konflikte um Öl, Metalle, Luft, Ernährung nicht mehr friedlich zu lösen sein. Die wohlhabenden Länder werden darum in eine Verringerung ihres Ressourcenverbrauches einwilligen müssen, nicht nur durch Effizienz sondern auch durch Selbstbegrenzung. Das Motiv, das sie dabei leiten wird, ist nicht Mildtätigkeit. Es ist anders: Selbstbegrenzung ist das aufgeklärte Eigeninteresse der Nationen, in denen wir leben.

Der Emissionshandel mag dabei helfen. Er wird seinen Beitrag zur Energiewende dann und nur dann leisten, wenn tatsächlich ein Handelssystem entsteht, bei dem die Obergrenzen global und ohne Ausflüchte gelten. Auch wenn die Weltgesellschaft von einem solchen System noch weit entfernt ist – nur ein solcher Vertrag mit fest vereinbarten und periodisch abzusenkenden Obergrenzen kann die Klimabelastung dauerhaft steuern. Wer immer dann sein Verschmutzungs-Kontingent überschreiten will, wird dazu die entsprechenden Rechte erwerben müssen. Und das setzt voraus, dass an anderer Stelle in gleichem Umfang Minderbelastungen erfolgen. Bislang sind erhebliche Teile des Verkehrs kaum in das Emissionshandelssystem eingebunden.[3] Geschieht das aber, werden sich gerade weite Reisen und Transporte verteuern und damit verringern.

Im Einladungstext zu Ihrer Konferenz steht eine wichtige Frage, auf die die Konferenz eine Antwort geben soll: „Kann die Umweltbelastung von Verkehr vermindert werden, wenn zugleich immer mehr Verkehrsprodukte und Verkehrsdienstleistungen nachgefragt werden?“ Meine Antwort heißt: Nur sehr bedingt und nur für kurze Zeit, nämlich nur, so lange und so weit die Effizienzgewinne reichen. Sie reichen aber in vielen Sektoren nur noch dazu, den gegenwärtig verursachten Anstieg der Belastung zu verlangsamen. Sie reichen nicht, die schon heute Umwelt und Klima schädigenden Belastungen abzubauen, sie reichen erst recht nicht, den Entwicklungsländern einen Zuwachs an Energieverbrauch zu ermöglichen. Es hilft also nichts: Wir in den Industrieländern müssen von den hohen Verbräuchen herunter, wenn wir darauf hoffen wollen, dass die Schwellenländer einen gleichen Kurs einschlagen. Es gibt keine Aussicht, dass alle, die es möchten, so billig und so verschwenderisch Fliegen und Autofahren können, wie es jetzt ein kleiner Teil der Menschheit kann und tut. Und es ist wenig wahrscheinlich, dass sich die gegenwärtigen Privilegien der jetzt Mobilitäts-

3 Erst seit 2012 ist für den Luftverkehr wenigstens in Europa ein Anfang gemacht: Alle Flugzeuge, die in Europa starten und landen, sind in den Emissionshandel einbezogen

gesegneten erhalten lassen ohne zerstörende Konflikte zwischen den Gesellschaften und in ihnen.

Darum ist eine neue Einstellung zur Mobilität und damit zum Verkehr unentbehrlich. Technische Innovationen, sparsamere Flugzeuge und Autos sind wichtig. Nur: Zur effizienten Technik muss ein neues Mobilitätsverhalten treten. Was auf dieser Konferenz über Güterverkehr, Kraftstoffe, Antriebstechnik und das Klimaticket besprochen worden ist, dient alles einer nachhaltigen Mobilität und ist eindrücklich. Aber eindrücklich ist auch, wovon diese Konferenz noch nicht gehandelt hat. Noch nicht von der notwendigen Re-Regionalisierung von Produktion und Konsum und der Transportersparnis, die daraus entsteht. Noch nicht davon, dass Flugreisen seltener und darum deutlich teurer werden müssen, und dass auch solche Initiativen wie MyClimate oder atmosfair als Augenöffner, als Problemanzeiger sehr sinnvoll sind, dass sie aber nicht an die Stelle einer strengen Festlegung der Obergrenzen und der daraus folgenden Begrenzung des Luftverkehrs treten können. Noch nicht davon, dass der wieder einsetzende Trend zu größeren, aufwendigeren, komfortableren Autos nicht zukunftsfähig ist, dass Autos vielmehr kleiner und langsamer werden müssen, dass es also ratsam ist, solche maßvollen Autos durch finanzielle Anreize zu fördern und die maßlosen Gefährte deutlich zu belasten. Zu besprechen wird sein, ob die Art, wie oft und auf welche Weise wir reisen, zukunftsfähig ist. Mehr als die Hälfte des motorisierten Individualverkehrs ist ja Freizeitverkehr. Ein erheblicher Teil der nicht-gebundenen Kaufkraft der Industrieländer geht in Fernreisen! Und da es richtig ist, dass der Verkehr zu billig ist, kann ein wichtiges Thema Ihrer Oikos-Konferenzen auch sein: Wie kann eine Verteuerung des Verkehrs gerecht, gesellschaftlich akzeptabel und politisch durchsetzbar werden? Das alles wird zu bedenken sein, wenn diese Konferenz, wie sie es sich vorgenommen hat, nachhaltige Mobilitätskonzepte erarbeiten will.

Hat das Aussicht? In einer Studie lese ich: Mobilität beschränken zu wollen, hieße sich gegen eine gesellschaftliche Grundströmung zu stellen, die trotz der ökologischen Kritik am heutigen Massenverkehr immer noch von einem breiten Fortschrittsbewusstsein getragen wird. Aber genau das ist ja die Frage: Ist es denn noch ein Fortschritt, die Erfüllung der Erlebniswünsche so stark von der Überwindung weiter Entfernungen zu erwarten statt die eigenen Erlebniskräfte zu stärken? Ist es eine Beschränkung, seltener zu reisen und stattdessen intensiver zu erleben? Damit kein Missverständnis entsteht: Nicht Verzicht auf Fahren, auf Reisen, auf Fernweh ist gemeint. Wohl aber stellt sich die Frage nach den Mitteln, die wir für unsere Mobilität wählen, und nach der Häufigkeit, und vor allem stellt sich die Frage nach dem Maß, also nach dem, was uns gut tut, was uns gut bekommt, und was gleichzeitig den natürlichen Lebensraum erhält, von dem wir elementar abhängen!

Sicher, zukunftsfähige Mobilität hängt nicht allein von unserer Einstellung ab. Sie muss politisch ermöglicht werden. Die Aufgabe der politischen Instanzen ist deutlich: Drastische Umweltschädigungen müssen unmittelbar verboten werden. Die allmählichen, die schleichenden Beschädigungen lassen sich am wirksamsten finanziell beeinflussen, durch Ermutigung und Entmutigung, also durch die Förderung von klimafreundlicher Mobilität und durch die Belastung des schädigenden Verkehrs. Noch immer erscheint mir eine verständige, die Belastungen möglichst gerecht verteilende Öko-Steuer als ein wirksames Instrument, Dass sie in ganz Europa bald zustande kommt, ist unwahrscheinlich, weil ihr alle 27 Nationen der Europäischen Union zustimmen müssen und deren Ausgangssituation so verschieden ist; aber sie hat ihren Sinn auch, wenn sich einige Nationen zu ihren Vorläufern erklären.

Was sich politisch durchsetzen lässt, wird, wie wir alle wissen, stark von organisierten Interessen beeinflusst, aber ebenso von den sich wandelnden Einstellungen in der Bevölkerung. Und nach den Einstellungen, also nach dem, was wir selber wollen und wofür wir uns einsetzen werden, fragt das mir aufgegebene Thema. In pluralistischen Gesellschaften kommt wenig in Gang, wenn es nicht von Einzelnen, von Vorhuten, von voraus denkenden Forschungseinrichtungen und von der sich organisierenden Zivilgesellschaft angestoßen wird, und wenn es nicht von ihnen hartnäckig vertreten wird. Dann aber haben solche Initiativen Aussicht auf öffentliche Wirkung. Das, wofür es heute keine Mehrheit gibt, kann morgen oder übermorgen möglich werden – durch Entwicklungen und Erfahrungen, denen nicht auszuweichen ist, und durch die beharrliche Arbeit derer, die heute noch eine Minderheit bilden. Das gibt auch Veranstaltungen wie dieser Konferenz ihre politische Bedeutung.

Erlauben Sie mir, mit einem Satz eines auch für mich unerwarteten Kronzeugen zu schließen. Es ist Arnold Schwarzenegger. Auf einer Konferenz der Vereinten Nationen hat er die Energiesparkampagne Kaliforniens so begründet: „I say the debate is over. We know the science, we see the threat and we know the time for action is now."

Zur ökologischen Dimension des Grundeinkommens

Ich beschränke mich im Folgenden auf die Zusammenhänge zwischen Grundeinkommen und ökologischer Nachhaltigkeit, also auf einen spezifischen Aspekt des großen Themas, und ich gehe ihnen nur für Deutschland nach. Ich weiß wohl, dass es ernsthafte Vorstöße zugunsten eines weltweiten Grundeinkommens gibt, und ihre Absicht ist mir nahe. Nur ist das ein Projekt, so komplex und für mich auch so unüberschaubar, dass ich mir dazu gegenwärtig keinen Beitrag zutraue. Schon für Deutschland habe ich mehr Fragen als Antworten. Ich wäre schon froh, wenn es zunächst einmal in Deutschland gelänge, durch ein Grundeinkommen die wachsende soziale Ungleichheit abzumildern. Und wenn das gelingt, wird dieses Beispiel, so hoffe ich, auf andere Länder und Regionen ausstrahlen und Mut zu größeren Unternehmungen machen. Ich denke aber, dass die hier für Deutschland gestellten Fragen jedenfalls implizit eine Bedeutung haben für die Suche nach einem weltweiten Grundeinkommen.

Es sind vier Fragen, die mich in Bezug auf Deutschland beschäftigen.

1. Die Industrieländer haben infolge ihres Überkonsums einen Ressourcenverbrauch, der schon in seinem heutigen Umfang die ökologische Balance zerstört, also erst recht nicht auf die Weltbevölkerung übertragbar ist. Er muss darum dringend abgebaut werden. Wie ist es? Wird durch ein Grundeinkommen dieser Abbau des Überkonsums gefördert oder gefährdet? Erhöht das Grundeinkommen insgesamt die Kaufkraft? Heizt es damit den Konsum an? Verringert es ihn? Ist es ohne Einfluss auf Kaufkraft und Konsum?

Die Antwort hängt zunächst einmal von der Höhe des Grundeinkommens ab. Bei 300 € monatlich ist wohl keine erhebliche Steigerung des Konsums zu erwarten, bei 1200 € durchaus. Bei der oft genannten Summe von 600 € bin ich mir bezüglich der Wirkung nicht sicher; denn die Konsum fördernde oder vermindernde Wirkung eines Grundeinkommens hängt vor allem davon ab, ob die Empfänger es nur als Sockel verstehen, auf dem sie möglichst viel hinzu verdienen möchten. Wie viele das sein werden, das voraus zu sagen ist Spekulation. (Als bei VW vor Jahren die Arbeitszeit auf 28,5 Stunden reduziert wurde, hat nach Auskunft des Betriebsrates der Großteil der Beschäftigten die freie Zeit nicht für sich, ihre Familie, ihre Liebhabereien genutzt sondern zur Schwarzarbeit.) Was das Grundeinkommen mit den Menschen tut, das erfahren wir erst, wenn es das Grundeinkommen gibt, und auch erst dann, wenn es das Grundeinkommen eine längere Zeit hindurch gibt, wenn also der Reiz des Neuen abgeblasst ist und Gewöhnung eintritt.

2. Für die Finanzierung des Grundeinkommens werden sehr unterschiedliche Vorschläge gemacht. Einer davon ist, eine stufenweise wachsende Öko-Steuer dafür zu nutzen. Öko-Steuern, so ist die Erwartung, bremsen den Konsum. Dann hätte man zwei Fliegen mit einer Klappe geschlagen. Nur müsste die Öko-Steuer in relativ raschen Schritten erheblich erhöht werden, um genug Ertrag zu liefern. Damit aber hätte man sich mindestens drei Schwierigkeiten eingehandelt: Einmal eine Erhöhung der Steuerlast insgesamt, weil es ja nicht so einfach ist, schnell genug auf kleinere Autos, besser gedämmte Wohnungen usw. umzuschalten, also die stufenweise Erhöhung durch einen jeweils geringeren Verbrauch auszugleichen. Zweitens: Selbst wenn eine Regierung mit einer solchen Steuer durch das Parlament käme, würde ihr ein wütend kommentierter Etiketten-Schwindel vorgehalten werden – der schon der gegenwärtigen Öko-Steuer angelastet wird, weil sie ja Öko-Steuer heißt, zum größeren Teil aber zur Verringerung der Lohnnebenkosten verwendet wird. Schließlich würde der Vorwurf ungerechter Mehrbelastung der kleinen Einkommen erneuert werden – was ebenfalls der gegenwärtigen Öko-Steuer zur Last gelegt wird.

So weit mein Urteil reicht, wird kaum jemand mit politischem Mandat in absehbarer Zeit die Hand dazu reichen, mit einer progredierenden Öko-Steuer das Grundeinkommen zu bezahlen. Die Wahrscheinlichkeit dieser Lösung ist also gering.[4]

3. Für eine ganz andere Finanzierung des Grundeinkommens macht sich Götz W. Werner stark.[5] Er möchte es unter Verzicht auf alle anderen Steuern völlig auf Konsumsteuern gründen, die dann freilich so hoch sein müssen, dass sie neben dem Grundeinkommen auch die kompletten Staatsdienste finanzieren können. Welche ökologischen Folgen hätte eine solche Lösung? Ist dann die Finanzierung von Grundeinkommen *und* Staat auf hohen Konsum angewiesen? Oder verringern Konsumsteuern von bis zu 50 Prozent den Konsum und damit die ökologische Überlast? Aber reichen bei geringerem Konsum die Einkünfte aus? Dafür lassen sich sicher Szenarios erstellen, ebenso für die Stufen einer graduellen Erhöhung – wie sie ja für die bisherige Öko-Steuer geplant war und einige Male auch stattgefunden hat; aber wiederum, solche Szenarios sind mit einer hohen Unsicherheit belastet. Sie projektieren etwas, für das es bisher keine Erfahrungswerte gibt, auf denen man aufbauen kann. Gewissheit gibt es erst danach, wenn diese Steuern eingeführt sind, und wiederum erst nach einer ganzen Weile. Erst dann werden wir die ökologische Relevanz dieser Steuer-Lösung kennen.

4. Schließlich ist die Erwartung zu prüfen, ein Grundeinkommen werde den Konsum entmaterialisieren. Das ist ja die große Hoffnung vieler ökologischer Ökonomen, die darauf setzen, ein *qualifiziertes* Wirtschaftswachstum bleibe auch bei nachhaltigem Wirtschaften möglich. Also in Kurzfassung: Dienstleistungen statt Güter. Bis zu einem gewissen Grad kann das gelingen. Für die Unternehmen hat Niko Paech in seiner Habilitationsschrift dafür Vorschläge gemacht, obwohl er selbst vom Wachstumsgedanken Abschied nehmen

---

4 Nur diese Verwendung der Ökosteuer halte ich für zweifelhaft. Zur Förderung der Nachhaltigkeit ist eine Energie- und Ressourcen-Steuer höchst sinnvoll.

5 Zum Beispiel in „Stadtgespräche" Nr. 6/2006

möchte.[6] Nur: Auch unternehmerische Dienstleistungen haben eine materielle Basis, sie brauchen Orte, Geräte, Transport, Material usw. Auch dann wird Materie aufgebraucht, werden Schadstoffe emittiert, werden Mengenprobleme entstehen, wenn auch voraussichtlich in geringerem Maße.

Nun ist durchaus auf einen kulturellen Wandel zu hoffen, auf einen Wertewandel. Also auf einen Wechsel zu der vorrangigen Befriedigung von immateriellen Bedürfnissen nach Bildung, Kunst, Selbstfindung, dem Erwerb sozialer Kompetenz. Das alles kann geweckt bzw. besser befriedigt werden als heute, es kann auch Teil einer kommerziellen Wirtschaft werden, wenngleich nicht ohne Risiko für die ursprünglichen Motive. Da aber der gegenwärtige Ressourcenverbrauch nicht fortzusetzen ist, sind wir auf diesen kulturellen Wandel ohnehin angewiesen, für ihn werden wir auch arbeiten müssen. Die ganze Konzeption der Suffizienz als ein unentbehrlicher Weg zur Nachhaltigkeit richtet sich auf diesen Wandel unseres Verständnis von Wohlstand und Wert, also auf die Suche nach dem rechten Maß, nach dem, was uns Menschen gut tut und gut bekommt. Ob das Grundeinkommen aus sich heraus diesen Wertewandel fördert, ob es die immateriellen Bedürfnisse und ihre Befriedigung stärkt, das kann man hoffen; nur wissen wir es vorab nicht. Postulieren lässt sich hier nichts. Manche Befürworter eines Grundeinkommens erwarten, dass soziale Transfers per Grundeinkommen eher als die gegenwärtigen geeignet sind, Suffizienz zu fördern, dass ein Grundeinkommen bessere Seiten in den Menschen zu Tage fördert, dass es sie unabhängiger von Zerstörungskräften in unserer Gesellschaft werden lässt. Dem kann ich mich anschließen, wenn es als Wunsch formuliert wird. Ob dieser Wunsch in Erfüllung geht, ist völlig offen und bei mir auch von Skepsis begleitet.

Fazit: Ob das Grundeinkommen die ökologische Nachhaltigkeit fördern oder schwächen wird, das werden wir erleben, wenn es dazu kommt. Ich wünsche mir sehr, dass es zur Ressourcenschonung bei-

---

6 Paech 2005

trägt. Vorhersagen kann ich es nicht. Mein Eintreten für das Grundeinkommen richtet sich gegenwärtig nicht auf einen Zuwachs an ökologischer sondern an sozialer Nachhaltigkeit. Die unerträgliche Spaltung unserer Gesellschaft in die, denen es immer besser oder doch annähernd gleich gut geht, und die, denen es immer schlechter geht, die Kluft zwischen denen, die Arbeit haben und denen, für die keine Arbeit mehr da ist, und die deswegen auch noch verachtet und an den Rand gedrückt werden, diese Kluft wird durch ein Grundeinkommen nicht aufgehoben aber deutlich gemildert. Wenn das gelingt, ist viel gelungen.

Zukunft

Max Frisch beginnt seine Fragebögen zur Selbsterforschung mit der Frage: „Sind Sie sicher, dass Sie die Erhaltung des Menschengeschlechts, wenn Sie und alle Ihre Bekannten nicht mehr sind, wirklich interessiert?“ Wer über seine eigene Antwort nachdenkt, wird schnell gewahr, wie gespalten unser Verhältnis zur Zukunft ist. Was zieht mich in ihren Bann? Nur das Persönliche, das mich Betreffende? Oder auch das Große, das Menschheitliche? Und wenn es beides ist: Was möchte ich wissen und was nicht?

Erwünschte Zukunft

Unmittelbar interessiert uns die persönliche Zukunft. Was wird aus mir? Bleibe ich gesund? Worin werde ich erfolgreich sein? Welcher Partner passt zu mir? Wie lege ich am besten mein Geld an? Wen und was soll ich meiden? Erkennbar wird: Wir möchten das Gute vorauswissen, das Glück, das Gelingen. Immer geht es um die Gunst der Stunde, die Abwehr des Schädlichen, die Ausschaltung des Risikos. Dem gilt das Heer der Versicherungen gegen Alter, Krankheit und Unfall, Sturm und Brand, den Verlust der Schönheit, die Kosten des Sterbens.

Die Aussicht auf Vergewisserung macht auch die Astrologie samt Kartenlegen und Handlesen so anziehend. Sie sagt die zukünftigen Ereignisse voraus und verspricht, die Ungewissheit zu beseitigen. Auch ihre Warnungen sind willkommen, dann nämlich, wenn wir ihnen zufolge die richtigen Entscheidungen treffen können und damit der schlechten Zukunft entgehen. Das Gute voraus zu wissen ist erwünscht. Nur das Unausweichliche soll verborgen bleiben. Wer möchte schon wissen, wie viel Lebenszeit er noch hat?

Die Astrologie erfordert Glauben an die Macht der Sterne. Der reale Gang der Geschichte scheint verlässlichere Auskunft zu geben. Mit wenigen Ausnahmen hat die ganze Moderne die gute Zukunft voraus gesehen. Bis weit in das letzte Jahrhundert hinein lebte sie von der Hoffnung auf immer bessere Zeiten, vor allem auf immer mehr materiellen Wohlstand. Die unerhörten Leistungen von Wissenschaft und Technik, der Sturz der feudalen Herrscher und die zunehmende Bürgerfreiheit, der wachsende ökonomische Reichtum – das alles ließ die Geschichte als Fortschritt und die Zukunft als unbegrenzte Möglichkeit erscheinen. Natürlich blieb da der Tod am Ende des Menschenlebens. Blendete man aber die individuelle Sterblichkeit aus, dann schien der Aufstieg der Menschheit unaufhaltsam. Auch die beiden schrecklichen Kriege des gerade vergangenen Jahrhunderts, auch der Holocaust haben dieser Erwartung zunächst nicht den Garaus machen können.

Einer ihrer illustren Propheten war Hermann Kahn, der Chefdenker des amerikanischen Hudson-Institutes. Noch 1976 schrieb er sein Buch „Vor uns die guten Jahre“ und entfaltete seine Vision der kommenden zwei Jahrhunderte(!). Er sah eine Überflussgesellschaft voraus. Als ihre Antriebe galten ihm Wirtschaftswachstum und revolutionäre Technologien. Die Probleme der Gegenwart wertete er als Übergangsphänomene. Nach und nach, so schloss er, werden die Menschen, sofern sie es wünschen, „nahezu überall zahlreich, wohlhabend und Beherrscher der Naturkräfte sein“, sofern sie – das ist die einzige Einschränkung – den Fortschritt mit einem ausreichenden Maß an Intelligenz und mit gutem Management vorantreiben. Und dann, wenn alles erreicht ist, wird das Wirtschaftswachstum aufhören, ganz von selbst. Weil alle genug haben, werden sie nicht mehr haben wollen.

Von dieser Zuversicht auf die guten Jahre und die Genügsamkeit der Wohlhabenden ist dreißig Jahre später wenig übrig geblieben – mit Ausnahme des verbissenen Vertrauens, das die große Mehrzahl der politisch und ökonomisch Handelnden noch immer in die heilende Kraft des Wirtschaftswachstums setzt.

Gefährdete Zukunft

Am Beginn des neuen Jahrtausends ist Unsicherheit das Kennzeichen der Situation, und dies im persönlichen Leben wie in seinen übergreifenden Zusammenhängen. Wenn die Zukunft offen ist, dann gilt das heute mehr für ihre Unvorhersehbarkeit als für die in ihr wartenden Chancen. Das war nicht immer so. Noch der Autor dieses Beitrages, dessen Lebensalter wohl seine Sicht auf die Zukunft mit bestimmt, konnte seinen Beruf frei wählen und auch erwarten, unbefristet in ihm zu arbeiten. Lebensplanung war sicher nicht immer, aber doch in aller Regel möglich für Ausbildung, Familiengründung, gesichertes Auskommen. Die Wechselfälle des Lebens und auch das Alter ließen sich einigermaßen verlässlich abstützen. Wer heute die Schule verlässt, muss, was Beruf und Arbeitsplatz angeht, mit elementarer Unsicherheit leben, auf Umwege, auf Durststrecken, auf Wechsel, auf Brüche gefasst sein und darauf, immer neue Situationen zu bestehen, auf die er oder sie nicht vorbereitet sind.

Aber die Unsicherheit reicht weit über das Persönliche hinaus. So wichtig Intelligenz und gutes Management, auf die Hermann Kahn sich verließ, für die Probleme einer globalisierten Welt sind – es schwindet das Zutrauen, dass sie allein ausreichen. Noch fehlen grundlegende Einsichten in unsere gegenseitige Abhängigkeit auf dieser Erde, oder, soweit es sie gibt, mangelt die Kraft, das Handeln an ihnen auszurichten. Noch fehlen durchsetzungsfähige Institutionen, die die Konflikte der Mächtigen untereinander zügeln und die Interessen der Reichen und Starken mit dem Lebensrecht der Armen und Schwachen ausgleichen. Jener Satz Gandhis „Die Welt hat genug für jedermanns Bedürfnisse, aber nicht genug für jedermanns Gier" zeigt noch immer eines der Grundprobleme des Zusammenlebens. Kaum besser steht es einstweilen um die Bewahrung der natürlichen Lebensgrundlagen der Erde. Es fehlt ja nicht mehr das Wissen über ihre akute Bedrohung, wohl aber noch immer der Wille, für ihren Schutz unmittelbare Interessen hintanzustellen. Die ökologische Vorsorge bleibt bis heute kurzfristig und kurzsichtig. Und nicht weitsichtiger sind bisher die Bemühungen um ein Mindestmaß an Gerechtigkeit. Die Hauptaufgabe, wie wir Menschen in einer engen Welt miteinander leben lernen, ist noch kaum angefasst.

Auch die Hoffnung auf den Erfindergeist des Menschen, der so vielen als Nothelfer gilt, hält Enttäuschungen bereit. Die technischen Innovationen folgen einander zwar immer rascher; aber indem sie bestehende Probleme lösen verursachen sie neue. Großtechnische Verfahren, die den einen Gewinn und Entlastung bringen, verschärfen die Lebenskrisen der andern. Der weiter steigende Straßen- und Luftverkehr ist ein schlagendes Beispiel dafür, wie trotz immer sparsamerer Technik im Einzelnen durch die wachsende Gesamtmenge des Verbrauchs die Atmosphäre ständig stärker beschädigt wird. Die großen Forschungszentren dringen mit ihren Rechenzentren zwar tief in die Zukunft ein. Aber was von dem Vorhergesagten tatsächlich eintritt, wird trotz aller Planung und Szenarios oder gerade ihretwegen immer weniger vorhersehbar, da weder die ökologischen Folgen, noch das Verhalten der Menschen und damit die ökonomischen und politischen Wirkungen verlässlich prognostizierbar sind. Wer heute 200 Jahre vorausschaut oder auch nur zu wissen glaubt, wie wir in 50 Jahren leben werden, ist ein Phantast!

Verantwortete Zukunft

Die Verantwortung für seine persönliche Zukunft trägt jeder allein. Aber sind wir auch mitverantwortlich für die Zukunft der anderen, der Menschen um uns herum, der Gesellschaft, in der wir leben, gar der Menschheit, die mit uns lebt und nach uns kommt? Dazu gibt es höchst unterschiedliche Antworten. Der flapsige Spruch „Nach uns die Sintflut“ kann kruder Selbstsucht entspringen; er ist dann Ausdruck einer Kümmerform menschlichen Lebens, die sich um die Folgen ihres Handelns und Lassens nicht scheren will. Er kann aber auch die Hilflosigkeit dessen anzeigen, der schon für sein eigenes Leben kaum Perspektiven erkennen kann und darum erst recht vor der Zukunft des Ganzen resigniert. „Ich lebe jetzt“, antwortete ein 17-Jähriger, als er auf seinen dröhnenden Walkman angesprochen wurde und auf die

Wahrscheinlichkeit, dass er in einigen Jahren halb taub sein könne. Hätte man ihn auf die großen Zukunftsproblemen der Menschheit ansprechen können – auf die Zerstörung der Atmosphäre, auf die Verschwendungswirtschaft der Industrieländer und inzwischen auch der Schwellenländer, auf das unwiderrufliche Ende der bisherigen Vollbeschäftigung, auf die zerstörerische Ungleichheit zwischen Habenden und Habenichtsen?

Das so verbreitete Gefühl der Unzuständigkeit für die Zukunft hat viel zu tun mit dem Missverhältnisses zwischen der Erfahrung eigener Ohnmacht und der Größe und Unerreichbarkeit der Weltprobleme, aber auch mit einer Überschätzung der von mir erwarteten Aufgabe und einer Unterschätzung der Bedeutung meines Beitrages. Die Passivität, die daraus entsteht, ist nicht durch Verantwortungsappelle zu überwinden sondern nur durch genaue Zuweisungen: Wofür bin ich mitverantwortlich? Und in welchem Maße?

Zwei Einsichten können dabei Rat geben. Die erste knüpft an die Eingangsfrage von Max Frisch an. Es zeigt sich: Die unbefristete Erhaltung des Menschengeschlechts ist eine abstrakte Größe, entzieht sich aller Vorstellung und wird, wenn überhaupt, nur bei wenigen Menschen eine Resonanz wecken. Ganz anders ist es mit der Zeitspanne, in die die eigene Lebenszeit fällt. Schaue ich in ihr voraus, so erkenne ich drei Generationen, die sich meinem Leben verbinden: meine eigene und, real wie bildlich gesprochen, die der Kinder und die der Enkel. An deren Ergehen bin ich beteiligt, unmittelbar oder mittelbar, ihren Weg durch die Zeit habe ich vor Augen und kann ich begleiten, wenigstens eine Strecke weit.

Und dies bezieht sich nicht nur auf meine unmittelbaren Nächsten, sondern auch auf die fernen Nächsten, die mir unbekannt bleiben, mit denen ich aber in dieser Einen Welt zum Wohl oder zum Wehe zusammen gehöre. Sicher gliedert sich Zukunftsverantwortung in konzentrischen Ringen: Am stärksten gilt sie denen, mit denen ich persönlich verbunden bin. Aber sie schließt die Bewohner ferner Regionen ein, von deren gutem Umgang mit Mensch und Erde ich inzwischen so abhängig bin wie sie von dem meinen. Für diese drei Generationen in der Menschheitsgeschichte kann ich mich zuständig fühlen. Für sie bin ich darum mitverantwortlich. Habe ich Acht darauf, dass sie nicht schlechter und unbefriedeter leben als ich es mir wünsche, und tue ich für ihr Wohlergehen, was ich für mich tue, so habe ich meinen Teil der Zukunftsverantwortung übernommen.

Die zweite Einsicht verbindet sich mit der antiken Mythologie. In der griechischen Sage wird das Geschick des Titanen Atlas berichtet. Er hat unseren Atlanten den Namen gegeben. Im Krieg der Titanen gegen die Götter hatte auch Atlas sich gegen Zeus erhoben. Zur Strafe für seinen Aufruhr legten die Götter ihm die Erde und den Himmel auf seinen Nacken. Die soll er nun für alle Zeiten tragen. Diese Last ist niemandem von uns auferlegt. Ich bin nicht Atlas, der die Welt trägt! Was an Mitsorge ist von mir zu erwarten? Das, was in meinen Kräften steht; das, wofür ich selbst mitverantwortlich bin; das, was ich ändern kann. Ich handle, wie alle andern auch, nach dem Maß meiner informierten Einsicht und meiner Befähigung. Das ist mein Anteil an der verantworteten Zukunft.

Hinweise

Die Überschrift dieses Bandes lehnt sich an den deutschen Titel des Buches „Weder Armut noch Überfluss“ an, in dem die beiden holländischen Ökonomen Bob Goudszwaard und Harry M. de Lange schon 1986 für eine neue Ökonomie warben, die sich an den Grundbedürfnissen der Menschen und an der Bewahrung der Natur orientiert. Den zweiten Begriff habe ich bewusst durch Übermaß ersetzt, da Überfluss in herausgehobenen Situationen des Lebens, bei Festen etwa, sein Recht behält.

Der Aufsatz „Wie lernen Gesellschaften – heute?“ ist zuerst erschienen im Februar 2012 als Nr. 4 der „Impulse zur WachstumsWende“, einer Reihe, mit der das Wuppertal Institut die Arbeit der Enquete-Kommission des Bundestages „Wirtschaftswachstum, Wohlstand, Lebensqualität“ begleitet. Er ist hier leicht gekürzt, um Doppelungen mit dem Text „Für eine Politik der Energiesuffizienz“ zu vermeiden.

Der Aufsatz „Für eine Politik der Energiesuffizienz“ ist im März 2011 als erster Beitrag in der oben genannten Reihe erschienen. Gerhard Scherhorn, emeritierter Professor der Wirtschaftswissenschaften, hatte zuletzt den Lehrstuhl für Konsumtheorie und Verbraucherpolitik an der Universität Hohenheim inne, ist dem Wuppertal Institut eng verbunden und hat dort mehrere Jahre die Arbeitsgruppe „Neue Wohlstandsmodelle“ geleitet.

Der Beitrag „Was ist eigentlich Suffizienz?“ ist die einer Durchsicht unterzogene Zusammenfassung verschiedener Aufsätze aus dem ersten Jahrzehnt dieses Jahrhunderts, meist als Wuppertal Papers erschienen, so mit den Nummern 125, 145 und 157. Die hier vorgetragene Sicht der Suffizienz steht in großen Teilen in Übereinstimmung, in anderen aber auch in Spannung zu dem Verständnis von Suffizienz, das den beiden ersten, in der heutigen Situation verfassten Beiträgen dieses Bandes zugrunde liegt. Beide Sichten haben ihr Recht. Ihre Differenz entsteht über der Frage, wie die Suffizienz ihren Minderheiten-Status überwinden und zum integralen Bestandteil des Lebens und Wirtschaftens einer Gesellschaft werden kann.

Dem Beitrag „Gutes Leben – was ist das?“ liegt ein Vortrag zugrunde, den ich zum ersten Mal 1995 in München auf Einladung der Schweisfurth-Stiftung und der E. F. Schumacher-Gesellschaft gehalten habe.

„Mobilität und Rebound-Effekt“ geht auf den Schlussvortrag auf der 17. Oikos-Konferenz an der Universität St. Gallen 2005 zurück.

„Zukunft“ und „Zur ökologischen Dimension des Grundeinkommens“, beide aus dem Jahr 2007, waren Beiträge zu Sammelbänden, der erste zu Hübener/Orth (Hg.), Wörter des Lebens, Kohlhammer Verlag, Stuttgart, der zweite zu Exner u.a. (Hg.), Grundeinkommen, Deuticke Verlag, Wien. Sie werden mit freundlicher Genehmigung der Verlage abgedruckt.

Literatur

Altvater, E.; Mahnkopf, B. (2007[7]); Grenzen der Globalisierung. Münster: Westfälisches Dampfboot

Amery, Carl (1972): Das Ende der Vorsehung. Die gnadenlosen Folgen des Christentums. Reinbek: Rowohlt

Bennholdt-Thomsen, Veronika (2010): Geld oder Leben. Was uns wirklich reich macht. München: oekom verlag

Binswanger, Mathias (2003): Why does Income Growth Fail to Make Us Happier? Treadmills Behind the Paradox of Happiness. Olten: Solothurn University of Applied Sciences North-western Switzerland

Bourdieu, Pierre (1987): Die feinen Unterschiede. Kritik der gesellschaftlichen Urteilskraft. Frankfurt am Main: Suhrkamp

Braungart, Michael R.; Mc Donough, William A. (1999): Die nächste industrielle rEvolution, Politische Ökologie, Heft 62, 18–22

Braungart, Michael; McDonough, William (2003): Einfach intelligent produzieren. Cradle to cradle: Die Natur zeigt, wie wir die Dinge besser machen können. Berlin: Berliner Taschenbuch Verlag

Buitenkamp, M.; Venner, H.; Warms, T. (Hg.) (1992): Sustainable Netherlands: Amsterdam: Vereining Milieudefensie

BUND/Misereor (Hg.) (1997): Zukunftsfähiges Deutschland. Ein Beitrag zu einer global nachhaltigen Entwicklung. Basel: Birkhäuser

BUND u.a. (Hg.) (2008), Zukunftsfähiges Deutschland in einer globalisierten Welt. Frankfurt/Main: Fiascher Taschenbuch

Bundesministerium für Umwelt, Naturschutz und Reaktorsicherheit (BMU) (2009): GreenTech made in Germany 2.0. München: Vahlen

Bundesministerium für Umwelt, Naturschutz und Reaktorsicherheit (BMU) (2011): Umweltwirtschaftsbericht 2011. Daten und Fakten für Deutschland

Bundeszentrale für politische Bildung (Hg.) (2011): Gemeingüter. Aus Politik und Zeitgeschichte 28–30 /2011. Bonn

Burwitz, Hiltrud; Koch, Henning; Krämer-Badoni, Thomas (1992): Leben ohne Auto. Neue Perspektiven für eine menschliche Stadt Reinbek: Rowohlt

Cialdini, Robert B. (2003): Crafting Normative Messages to Protect the Environment. In: Current Directions in Psychological Science, No. 12, 105–109

Club of Rome (1991): Die globale Revolution. Hamburg: Spiegel

Cramer, Friedrich (1997): Überfluss und „neue Askese“. In: Schenk, Herrad (Hg.): Vom einfachen Leben, München: C.H. Beck, 278–280

Dahm, Daniel; Scherhorn, Gerhard (2008): Urbane Subsistenz. Die zweite Quelle des Wohlstands. München: oekom verlag

Der Rat von Sachverständigen für Umweltfragen (1994): Umweltgutachten 1994: Für eine dauerhaft-umweltgerechte Entwicklung. Stuttgart: Metzler-Poeschel

Deutsche Shell (Hg.) (2000): Jugend 2000. Opladen: Leske und Buderich

Dienel, Peter (2002[5]): Die Planungszelle. Wiesbaden: Verlag für Sozialwissenschaften

Durning, Alan Thein (1992): How much is enough? The consumer society and the future of the earth. London: Earthcan

Dyllik, Thomas (2003): Nachhaltigkeitsorientierte Wettbewerbsstrategien. In: Linne, G.; Schwarz, M. (Hg.): Handbuch Nachhaltige Entwicklung. Opladen : Leske und Budrich

Economic Degrowth for Sustainability and Equity (2009): http://www.degrowth.net/Economic-Degrowth-for

Ethik-Kommission Sichere Energieversorgung (2011): Deutschlands Energiewende – Ein Gemeinschaftswerk für die Zukunft. Presse- und Informationsamt der Bundesregierung

Frisch, Max (1979): Tagebuch 1966–1971. Frankfurt/Main: Suhrkamp

Fromm, Erich (1979): Haben oder Sein. Die seelischen Grundlagen einer neuen Gesellschaft. Stuttgart: DVA

Fücks, Ralf (2011): Das Wachstum der Grenzen. Vom Weg in die ökologische Moderne nach dem Vorbild der Natur. In: böllthema, Ausgabe 2/2011, 4–6

Gemeinsame Erklärung des Max-Planck-Instituts für Meteorologie, des Potsdam Instituts für Klimafolgenforschung und des Wuppertal Instituts anlässlich des internationalen Tages zum Schutz der Ozonschicht 2002

Gorz, Andrè (1983), Wege ins Paradies. Berlin: Rotbuch

Gruhl Herbert (1975): Ein Planet wird geplündert. Die Schreckensbilanz unserer Politik. Frankfurt/Main: S. Fischer

Harig, Wolfgang (1975): Kommunismus ohne Wachstum? Sechs Interviews mit Freimut Duve und Briefe an ihn. Reinbek: Rowohlt

Hauff, Volker (Hg.) (1987): Unsere gemeinsame Zukunft. Greven: Eggenkamp

Heinrich-Böll-Stiftung (Hg.) (2010): Der Gemeingüterreport: Wohlstand durch Teilen. Berlin: Böll

Helfrich, Silke und Heinrich-Böll-Stiftung (Hg.) (2009): Wem gehört die Welt? Zur Wiederentdeckung der Gemeingüter. München: oekom verlag

Hennicke, Peter; Welfens, Paul (2012): Energiewende nach Fukushima, München: oekom verlag

Hildebrandt, Eckart (2000): Flexible Arbeit und nachhaltige Lebensführung. In: Hildebrandt, Eckart (Hg.): Reflexive Lebensführung. Berlin: Edition Sigma

Huber, Joseph (1995): Nachhaltige Entwicklung. Strategien für eine ökologische und soziale Erdpolitik. Berlin: Edition Sigma

Huber, Joseph (2001): Allgemeine Umweltsoziologie. Wiesbaden: Westdeutscher Verlag

Jaeger, Carlo u.a. (2011a): A New Growth Path for Europe. Generating Prosperity and Jobs in the Low-Carbon Economy. Synthesis Report. Potsdam: European Climate Forum

Jaeger, Carlo (2011b): Wachstum – wohin? Eine kurze Geschichte des 20. Jahrhunderts. München: oekom verlag

Jänicke, Martin (2011): „Green Growth". Vom Wachstum der Öko-Industrie zum nachhaltigen Wirtschaften. FFU-Report 06-2011. Forschungszentrum für Umweltpolitik Freie Universität Berlin

Jungk, Robert; Müllert Norbert R. (1981): Zukunftswerkstätten. Hamburg: Goldmann

Kaiser, Gert (1998): Fortschritt und Verantwortung in Grundlagenforschung und Technologie. In: Steinmann/Wagner: Umwelt und Wirtschaftsethik

Kohn, A. (1993): Punished by Rewards. Boston: Houghton Mifflin

Kristof, Kora (2010a): Models of Change. Einführung und Verbreitung sozialer Innovationen und gesellschaftlicher Veränderungen in transdisziplinärer Perspektive. Zürich: vdf

Kristof, Kora (2010b): Wege zum Wandel. Wie wir gesellschaftliche Veränderungen erfolgreicher gestalten können. München: oekom verlag

Kuckartz, Udo (2010): Nicht hier, nicht jetzt, nicht ich – Über die symbolische Bearbeitung eines ernsten Problems. In: Welzer, Harald u.a. (Hg.): Klimakulturen. Frankfurt/Main: Campus, 144–160

Latouche, Serge (2004): Degrowth Economics: Why less should be so much more. Le Monde Diplomatique

Liste der Szenarien in Impuls Energiesufffizienz. Dazu noch European Climate Foundation and others (2011), Power Perspektives 2030. On the road to a decarbonised power sector

Littig, Beate (1995): Die Bedeutung von Umweltbewusstsein im Alltag. Oder: Was tun wir eigentlich, wenn wir umweltbewußt sind? Frankfurt am Main: Lang

Loske, Reinhard (2010): Abschied vom Wachstumszwang. Konturen einer Politik der Mäßigung. Rangsdorf: Basilisken-Presse

Max-Neef, Manfred (1995): Economic Growth and Quality of Life: a Threshold Hypothesis. In: Ecological Economics,Vol. 15, 115–118

Meyer-Abich, K. M. (1997): Praktische Naturphilosophie. München: Beck

Müller, Michael; Hennicke, Peter (1995): Mehr Wohlstand mit weniger Energie. Einsparkonzepte, Effizienzrevolution und Solarwirtschaft. Darmstadt: Wissenschaftliche Buchgesellschaft

Musil, Robert (1970): Der Mann ohne Eigenschaften. Reinbek: Rowohlt

Noll, Heinz-Herbert (1997): Konzepte der Wohlfahrtsentwicklung: Lebensqualität und „neue Wohlfahrtskonzepte". Mannheim: Zentrum für Umfragen, Methoden und Analysen (ZUMA)

Ostrom, Elinor (1999): Die Verfassung der Allmende. Tübingen: Mohr Siebeck

Ostrom, Elinor (2011): Was mehr wird, wenn wir teilen. Vom gesellschaftlichen Wert der Gemeingüter. München: oekom verlag

Otto Group Trendstudie 2011: Verbrauchervertrauen. Auf dem Weg zu einer neuen Wertekultur. Hamburg

Paech, Niko (2005), Nachhaltige Wirtschaften jenseits von Innovationsorientierung und Wachstum. Marburg: Metropolis

Paech, Niko (2012): Befreiung vom Überfluss: Auf dem Weg in die Postwachstumsökonomie. München: oekom verlag

Pauli, Gunter (1999): UpCycling. Wirtschaften nach dem Vorbild der Natur für mehr Arbeitsplätze und eine saubere Umwelt. München: Riemann

Pauli, Gunter (2010): The Blue Economy: 10 Jahre – 100 Innovationen – 100 Millionen Jobs. Berlin: Konvergenta

Princen, Thomas (2003): Principles for Sustainability. In: Global Environmental Politics 3:1, 33–50

Rawls, John (19981): Eine Theorie der Gerechtigkeit. Frankfurt/Main: Suhrkamp

Reusswig, Fritz (1994): Die Gesellschaft der Lebensstile: In: Politische Ökologie Spezial, Sept./Okt. 1994: 6–9

Sachs, Wolfgang (2000): Wie zukunftsfähig ist Globalisierung? Wuppertal Papers Nr. 99

Santarius,Tilman (2012): Der Rebound-Effekt. Über die unerwünschten Folgen der erwünschten Energieeffizienz. Impulse Nr. 5, Wuppertal Institut

Scherhorn, Gerhard (1994): Konsum als Kompensation. In: Reinbold, K.-J.(Hg.): Konsumrausch. Schriftenreihe der Arbeitsgemeinschaft der Gefährdetenhilfe, Band 18, Freiburg/Breisgau: AGJ-Verlag, 7–41

Scherhorn, Gerhard (2002): Die Logik der Suffizienz. In: Linz, Manfred (Hg.) (2002): Von Nichts zu viel. Suffizienz gehört zur Nachhaltigkeit. Wuppertal Paper Nr. 125. Wuppertal: Wuppertal Institut, 15–26

Schmidbauer, Wolfgang (1992): Weniger ist manchmal mehr. Zur Psychologie des Konsumverzichtes. Reinbek: Rowohlt

Schmidbauer, Wolfgang (1997): Die neue Ethik des Konsumverzichts. In: Schenk, Herrad (Hg.) (1997): Vom einfachen Leben. Glückssuche zwischen Überfluss und Askese. München: C.H. Beck, 259–26

Schneidewind, Uwe; Palzkill-Vorbeck, Alexandra (2011): Suffizienz als Business Case. Nachhaltiges Ressourcenmanagement als Gegenstand einer transdisziplinären Betriebswirtschaftslehre, Impulse zur WachstumsWende Nr. 2. Wuppertal Institut

Schulze, Gerhard (1992): Die Erlebnisgesellschaft. Kultursoziologie der Gegenwart. Frankfurt am Main: Campus

Schwarz, Michael (Hg.) (2003): Handbuch nachhaltiger Entwicklung. Opladen: Leske und Budrich, 267–271

Seidl, Irmi; Zahrnt, Angelika (Hg.) (2010): Postwachstumsgesellschaft. Konzepte für die Zukunft. Marburg: Metropolis

Sen, Amartya (2000): Ökonomie für den Menschen. Wege zu Gerechtigkeit und Solidarität in der Marktwirtschaft. München: Hanser

Socolow, Robert H. u.a. (1994): Industrial Ecology and Global Change. Cambridge: University Press

Stengel, Oliver (2011): Suffizienz. Die Konsumgesellschaft in der ökologischen Krise. München: oekom verlag

Stern, Nicholas (2009): The Global Deal: Wie wir dem Klimawandel begegnen und ein neues Zeitalter von Wachstum und Wohlstand schaffen. München: Beck

Tönnies, Ferdinand (1922, 2006): Kritik der öffentlichen Meinung. Saarbrücken: VDM

Trainer, Ted (2007): Renewable Energy Cannot Sustain a Consumer Society. Dordrecht: Springer

Vischer, W. (1993): Probleme der Umweltethik. Frankfurt a.M: Campus

Voß, G. Günter; Weihrich, Margit (Hg.) (2001): tagaus – tagein. Neue Beiträge zur Soziologie Alltäglicher Lebensführung. München: Hampp

Welzer, Harald (2011): Mentale Infrastrukturen. Wie das Wachstum in die Welt und in die Seelen kam. Schriften zur Ökologie Band 14. Berlin: Heinrich Böll Stiftung

Wickler, W.; Seibt,U. (1991): Das Prinzip Eigennutz. München: Piper

Wieser, W. (1998): Die Erfindung der Individualität. Heidelberg: Spektrum

Wildt, Michael (1993): Am Beginn der Konsumgesellschaft. Hamburg: Ergebnisse Verlag

Wissenschaftlicher Beirat der Bundesregierung Globale Umweltveränderungen (WBGU) (2002): Entgelte für die Nutzung globaler Gemeinschaftsgüter. Berlin

Wissenschaftlicher Beirat der Bundesregierung Globale Umweltveränderungen (WBGU) (2006): Die Zukunft der Meere – zu warm, zu hoch, zu sauer. Berlin

Wissenschaftlicher Beirat der Bundesregierung Globale Umweltveränderungen (WBGU) (2011): Welt im Wandel. Gesellschaftsvertrag für eine Große Transformation. Berlin

Wittpoth, Jürgen (1995): Ökologische Verantwortung. Ein Lernziel der Erwachsenenbildung? In: Bildung und Erziehung, 48. Jg., Heft 1, 111–122

Xenos, Nicholas (1989): Scarcity and Modernity. London: Routledge